Kinder im Scheidungsschmerz

Dr. Jo-Jacqueline Eckardt

Kinder im Scheidungsschmerz

So helfen Sie Ihrem Kind
durch die Trennung

Die Autorin: Jo-Jacqueline Eckardt ist Sozialarbeiterin mit US-Diplom (Master of Social Work) und war in den USA als Psychotherapeutin und Psychoanalytikerin tätig. Sie lebt in Berlin und arbeitet als Eltern-, Mobbing- und Trauerberaterin. Von ihr erschienen im Urania Verlag auch Bücher zu den Themen ADS und Mobbing.

Bibliografische Information der Deutschen Bibliothek
Die Deutsche Bibliothek verzeichnet diese Publikation in der Deutschen Nationalbibliografie; detaillierte bibliografische Daten sind im Internet über http://dnb.ddb.de abrufbar.

Die Ratschläge in diesem Buch sind von der Autorin und dem Verlag sorgfältig erwogen und geprüft, dennoch kann eine Garantie nicht übernommen werden. Die Haftung der Autorin bzw. des Verlages und seiner Beauftragten für Sach- und Vermögensschäden ist ausgeschlossen.

Urania Verlag
in der
Verlagsgruppe Dornier GmbH
Postfach 80 06 69, 70506 Stuttgart

www.urania-verlag.de
www.verlagsgruppe-dornier.de

Umschlaggestaltung: Behrend & Buchholz, Hamburg
Umschlagbild: Britt Erlanson/Getty Images
Redaktion: Jeanette Stark-Städele
Satz: Roland Poferl Print-Design, Köln
Druck: Westermann Druck, Zwickau
Printed in Germany

ISBN 3-332-01837-X
ISBN 978-3-332-01837-0

Inhalt

Einleitung

Eltern, die kurz vor der Trennung stehen oder die Scheidung gerade hinter sich gebracht haben, stecken meist in einer tiefen Krise. Mit der Partnerschaft enden auch die Hoffnungen und Träume, die man einst hatte, und die Zukunft erscheint mehr als ungewiss. Man muss sein Leben neu erfinden. Und als ob dies nicht schon genug wäre, müssen sich Eltern auch noch Sorgen um die Kinder machen: Wie werden sie mit der Trennung fertig werden? Werden Sie sich an die neue Lebenssituation gewöhnen? Wird ihnen etwas fehlen? Werden sie ein lebenslanges Trauma davontragen?

Natürlich geht jede Trennung mit Verletzungen einher, mit Verlusten und Krisen. Das heißt aber nicht, dass unweigerlich Narben bleiben. Kinder können Trennungen durchaus ohne größere Schäden durchleben, wenn sie Unterstützung bei der Verarbeitung ihrer Gefühle erhalten. Zwar werden „Scheidungskinder" häufiger auffällig als Kinder aus intakten Familien, doch der weitaus größere Teil von ihnen entwickelt sich ganz normal.

Dieses Buch richtet sich an alle Eltern, die mit dem Thema Trennung zu tun haben, ganz egal, ob sie verheiratet waren oder in nichtehelicher Gemeinschaft gelebt haben, egal, ob sie die leiblichen Eltern der Kinder sind oder nicht. Ausschlaggebend ist, dass die zwei Personen, die bisher gemeinsam für das Kind gesorgt haben, nun getrennte Wege gehen wollen. In diesem Buch wird daher auch meist von Trennung und nicht von Scheidung gesprochen, um all diese Möglichkeiten mit einzuschließen.

Um Ihnen zu helfen, Ihre Kinder besser zu verstehen und auf sie einzugehen, werden die verschiedenen Reaktionen aufgezeigt, mit denen man in Trennungssituationen bei Kindern rechnen muss. Praktische Tipps zu jedem Thema sollen Wege aufzeigen, wie man Kinder und Jugendliche bei der Verarbeitung ihrer Gefühle unterstützen kann. Trennungen sind mit Trauer verbunden über das, was verloren ging, und daher sind auch Abschiede und Trauerrituale hilfreich. Sie können sich aus einer Vielzahl von Anregungen diejenigen heraussuchen, die zu Ihrer Situation und zu Ihren Kindern passen.

Die Trennung selbst wirft auch eine Menge konkreter Fragen auf: Wie redet man mit den Kindern? Bei welchen Entscheidungen sollen sie gehört werden? Was, wenn der andere Elternteil sich gar nicht mehr ums Kind kümmert? Viele dieser Fragen werden diskutiert und mögliche Vorgehensweisen vorgestellt. Natürlich gibt es nicht die perfekte Trennung, aber mit etwas gutem Willen und ehrlichen Bemühungen können Sie dafür sorgen, dass Ihre Kinder durch die Trennung das Vertrauen in die Welt und ihre eigene Selbstsicherheit nicht verlieren.

Mit dem Thema Scheidung bin ich selbst aus meiner Kindheit vertraut (meine Eltern ließen sich scheiden, als ich noch ein Baby war) und auch meine Kinder hatten bereits mit dem Thema Trennung zu tun. Besonders bedanken möchte ich mich an dieser Stelle bei allen „Scheidungs- und Trennungskindern", die mir ihre Geschichte erzählt und Fragen beantwortet haben und die mir erlauben, dass ich ihre Antworten in diesem Buch wiedergebe.

Jo-Jacqueline Eckardt

Die Eltern trennen sich

Bei einer Trennung gerät alles aus dem Lot, die Ungewissheit vor dem Neuen, finanzielle Sorgen, Ängste vor der Einsamkeit, auch Depressionen sind ganz normal. Und zu all den eigenen Zweifeln, ja der Verzweiflung, kommt die Sorge um die Kinder. Werden sie ein ihr Leben prägendes Trauma davontragen?

Nein, so muss es nicht sein. Wer versteht, dass Trennung durch Trauer verarbeitet werden kann, dass Rituale und Gespräche den Weg zur Bewältigung ebnen können, gibt seinen Kindern die Chance, ohne bleibenden Schaden, mit Selbstvertrauen und Selbstsicherheit diese Krise zu bestehen.

Familien in Schock

Eine Trennung ist ein Trauma wie der Tod des Partners oder eine Natur-katastrophe – und meist hat die Zeit zuvor auch schon viel Kraft gekostet.

Wer in einer Trennung oder Scheidung steckt, steht unter einer extremen Belastung. Da kommen so viele Dinge zusammen: Wut, Trauer, Vorwürfe, Schuldgefühle, Verlassenheitsängste, Einsamkeit, Angst und Sorge vor der Zukunft, Stress, Enttäuschung, Abschied von Hoffnungen und Träumen, Bitterkeit, Ungewissheit und finanzielle Nöte. Sind Kinder vorhanden, potenziert sich die Belastung noch. Natürlich leiden auch die Kinder, haben aber meist ganz andere Bedürfnisse und Hoffnungen als die Erwachsenen. Das heißt, die Erwachsenen, die sich kaum selbst durch die schwere Zeit bringen können, müssen auch noch die Verantwortung für das Wohl der Kinder tragen.

Was geschah

Ich hörte niemanden streiten, auch vorher nicht! Mein Vater war auf einmal ausgezogen; als ich nach Hause kam, war er weg, und Mutti hatte einen Nervenzusammenbruch. Ich war sehr traurig, empfand den Verlust des Vaters als Verlust des allgemeinen Selbstwertgefühls. Ich habe viel geweint, auch weil meine Mutti sehr krank wurde (nervlich und körperlich), damit konnte ich noch nicht umgehen und fühlte mich somit allein gelassen.

Karin, 41 Jahre (7 Jahre bei der Scheidung)

Mein Vater zog aus. Zuerst zu seinen Eltern, dann zu seiner Freundin, die er bereits ein Jahr lang hatte. Ich war zwölf Jahre alt. Meine Mutter lag weinend auf der Couch. Sie tat

*mir Leid, aber ich war irgendwie froh. Mein Bruder zog für
etwa ein Jahr zu meinem Vater, kam dann aber wieder zu
uns zurück.*   Simone, 42 Jahre alt

*Meine Eltern haben es mir und meinem Bruder erzählt. Ich
wusste zuerst gar nicht, was das bedeutete für uns, weil wir
erst fünf und sieben Jahre alt waren. Wir hatten uns aber
gewundert, dass sie sich so oft gestritten haben.*
                                                Franziska, 15 Jahre

*Ich war noch sehr jung und kann mich leider nicht mehr an
die Trennung erinnern. Ich weiß auch nicht, was ich damals
empfand, aber heute ist es mir eher gleichgültig. Ich bin
nicht traurig darüber, dass ich meinen Vater nicht so gut
kenne. Ich bin glücklich über meine Mutter.*   Dalia, 17 Jahre

*Meine Eltern haben sich ständig angeschrien. Ich war zehn
Jahre alt, als mein Vater auszog. Danach sprach meine
Mutter nur schlecht von ihm, und er durfte keinen Kontakt
zu uns haben. Ich war wütend auf beide Eltern, aber meine
Mutter habe ich gehasst.*   Hermine, 15 Jahre

*Mein Stiefvater war plötzlich weg, ich war fünf oder sechs
Jahre alt. Ich war einerseits froh, denn mein Stiefvater war
alkoholsüchtig und gewalttätig. Es tat mir aber für meine
kleine Schwester, seine leibliche Tochter, Leid.*
                                                Nadine, 24 Jahre

Kinder haben oft sehr deutliche Erinnerungen an den Moment der endgültigen Trennung.

*Als ich ein Kind war, haben sich meine Eltern oft getrennt
und wieder versöhnt. Ich wollte, dass alles so bleibt, wie es
war, ich wollte keine Veränderung. Ich dachte, es sei alles*

meine Schuld, dass ich nur perfekt sein müsste, um die Schei-
dung zu verhindern. Nach der Scheidung haben sie immer
noch zusammen im gemeinsamen Büro gearbeitet, wo ich
auch oft war. Also gab es noch viel Nähe, aber immer auch
Fremdheit und Spannung.

Marie, 37 Jahre (9 Jahre bei der ersten Trennung,
17 Jahre bei der endgültigen Scheidung)

Meine Eltern haben sich getrennt, nachdem sie sich im Jahr
davor oft heftig gestritten hatten. Es gab schließlich eine be-
sonders heftige Auseinandersetzung, an deren Ende meine
Mutter das Haus verließ. Das jüngste Kind war erst fünf Jah-
re alt und mein Vater hatte Mühe, die Betreuungssituation
zu klären. Ich hatte damals zu beiden Eltern ein ausgespro-
chen gutes Verhältnis, war häufig in der neuen Wohnung
meiner Mutter und habe als Bote oder Dolmetscher zwi-
schen beiden gedient. Später ist meine Mutter dann ins Aus-
land gezogen, wir Kinder haben sie dort öfter besucht.

Marius, 41 Jahre (19 Jahre bei der Scheidung)

Trennung, Trauer und Verarbeitung

Psychologen werten eine Trennung als ein so gravierendes
und erschütterndes Erlebnis, dass es auf einer Stufe steht mit
anderen Traumata wie Tod des Partners oder eine Natur-
katastrophe. Denn bei einer Trennung kommt erschwerend
hinzu, dass kein schneller und eindeutiger Umbruch statt-
findet. Bei plötzlichen „Katastrophen" ist zwar von einer
Sekunde auf die andere alles anders, man hadert mit dem
Schicksal, aber man weiß doch irgendwo, dass die Dinge

nun so sind, wie sie sind. Bei einer Scheidung oder Trennung zieht sich der Veränderungsprozess möglicherweise über Jahre hin und wird immer wieder aufgehalten durch Phasen, in denen es Hoffnung auf eine Aussöhnung gibt. Da fällt es schwer, sich auf die neuen Umstände einzustellen. Man trauert zwar – wie bei einem Todesfall – um einen Partner, muss sich dabei aber ständig mit dem Menschen auseinander setzen, in den sich der einst geliebte Partner verwandelt hat. Zudem versagt einem die Gesellschaft die Anerkennung der Trauer, wie sie für Hinterbliebene im Todesfall selbstverständlich ist.

Auch Kinder trauern, wenn die Eltern sich trennen. Sie können sich ein Leben nach der Trennung meist gar nicht vorstellen und haben deswegen große Angst vor dem, was kommen wird. Aber gerade, weil sie sich von Trennung und Scheidung noch keine rechte Vorstellung machen, haben sie auch die Chance, sich auf die Veränderungen einzulassen. Sie brauchen dabei natürlich viel Unterstützung und das Gefühl, dass beide Eltern weiter da sein werden und dass sie gut aufgehoben sind, egal, was kommt. Wie schwer oder leicht Kinder es bei der Trennung haben, hängt allerdings auch von Faktoren ab, die die Eltern nicht immer beeinflussen können.

Wie schwer die Trennung für das Kind wird, hängt von vielen Faktoren ab.

Natürlich muss nicht jede Trennung ein großes und schwieriges Trauma werden, dennoch ist es sicher nie leicht, Kindern die nötige Hilfe und Unterstützung zu geben. Es gibt keine Patentlösungen und keine Erfolgsgarantien. Sie stecken ohnehin in einem Abenteuer, dessen Ausgang ungewiss ist. Dennoch möchte ich Ihnen Mut machen: Wer sich verän-

Überlegen Sie, welche der folgenden erschwerenden Faktoren Sie beeinflussen könnten:

- Der Entschluss zur Trennung folgt einer langen Zeit der Spannungen und Konflikte, unter denen auch das Kind litt.
- Es gab bereits vorher große Schwierigkeiten und Konflikte in der Erziehung.
- Das Kind soll Partei ergreifen und gerät dadurch in einen Loyalitätskonflikt.
- Das Kind selbst ist „Streitpunkt" (die Eltern werfen einander vor, in der Erziehung versagt zu haben, sie streiten um Besuchsrechte und Sorgerecht usw.).
- Das Kind soll die Lieblosigkeit des Partners wieder gutmachen.
- Das Thema „Scheidung" ruft Schamgefühle hervor.
- Das Kind leidet darunter, dass mindestens ein Elternteil kein wirkliches Interesse an ihm hat.
- Mindestens ein Elternteil ist von der Trennung so mitgenommen (verzweifelt), dass er oder sie weder für das Kind noch für sich selbst verantwortlich handelt.
- Mit der Trennung werden erhebliche soziale und/oder finanzielle Einbußen einhergehen.
- Die Basisbedürfnisse des Kindes (Zuwendung, Geborgenheit, Vertrauen, Zeit, Liebe, Anerkennung) werden nicht hinreichend befriedigt.

derten Anforderungen stellt mit dem ehrlichen Wunsch, das Beste daraus zu machen und auf die Gefühle anderer Menschen Rücksicht zu nehmen, der hat die besten Chancen, gestärkt aus der Krise hervorzugehen. Ihre Kinder erwarten keine Wunder von Ihnen, werden aber jede Anstrengung dankbar aufnehmen. Es ist keineswegs so, dass Kinder durch eine Scheidung der Eltern Schaden nehmen müssen. Viel wichtiger als verheiratete Eltern, die ja bekanntlich auch nicht immer eine Garantie für das Glück der Kinder sind, sind die Liebe, Unterstützung, Offenheit und Ehrlichkeit, die Kinder erfahren.

Kinder müssen durch eine Scheidung keinen Schaden nehmen, wenn sie weiterhin Liebe und Unterstützung erfahren.

Kinder empfinden anders

Der erste Tipp, den ich Ihnen mit auf den Weg geben möchte, ist der, völlig offen dafür zu sein, dass Ihre Kinder ganz anders fühlen und empfinden als Sie. Jede Krise, die eine Familie erschüttert, wird die einzelnen Familienmitglieder unterschiedlich treffen. Manche wüten, andere trauern still, Dritte suchen die Schuld bei anderen. Viel Stress entsteht, wenn man von anderen Menschen eine bestimmte Haltung oder Stimmung erwartet.

Manchmal allerdings bricht die Katastrophe plötzlich herein, dann können Kinder einen Schock erleiden. Ein Schock ist der Zustand, in dem man ist, wenn man etwas Schreckliches erlebt hat oder eine fürchterliche Nachricht erhalten hat, diese neue Erfahrung aber noch nicht in das Bild, das man von sich hat, integriert hat. Man läuft auf „Autopilot", erlebt die Wirklichkeit wie in einem Traum oder zeigt Kurzschlussreaktionen. Die eigentliche Verarbeitung des Traumas beginnt erst eine Weile später. Wie Menschen unter Schock reagieren, ist ganz unterschiedlich. Manche erscheinen am Anfang ganz gefasst und sachlich. Andere bekommen Todesangst, oder sie verschließen sich und lassen nichts an sich heran. Auch Verzweiflung, Wut oder Aggression sind möglich.

Anzeichen eines akuten Schocks sind flacher, schneller Atem, Blässe, Nervosität, Unkonzentriertheit und Angst sowie die Unfähigkeit, klare Gedanken zu fassen.

Vermuten Sie, dass Ihr Kind sich im Schock befindet, bleiben Sie selbst ganz ruhig und setzen oder legen Sie Ihr Kind erst einmal hin. Wenn auch Erwachsene nervös oder panisch reagieren, verschlimmert dies den Schock nur noch. Benennen Sie mit ruhiger Stimme, was gerade vorgeht: „Ich glaube, du hast einen Schock. Du bist ganz blass. Ich setze mich zu dir, bis es dir besser geht." Berühren Sie Ihr Kind oder nehmen Sie es in den Arm, um es zu erden. Holen Sie eventuell Hilfe. Wenn Ihr Kind wieder ruhiger atmet, nehmen Sie es auf einen Spaziergang nach draußen (es braucht frische Luft und Bewegung!).

Bewerten Sie die unterschiedlichen und individuellen Reaktionen der einzelnen Familienmitglieder nicht – jeder Mensch hat eigene Bewältigungsmechanismen. Halten Sie aber an so vielen Ritualen und Gewohnheiten wie möglich fest, um dem Kind ein Gefühl der Sicherheit zu geben. Schön wäre es, wenn Sie in dieser schweren Zeit gemeinsame Aktivitäten mit den Kindern unternehmen könnten. Die Kinder wollen wissen, dass die Eltern Zeit für sie haben und in Gedanken auch bei ihnen sind. Jeder Elternteil für sich hat schon vor der Trennung die Chance, dem Kind zu zeigen, dass eine Beziehung auch ohne den Partner schön und wichtig ist.

Vielleicht müssen Sie sich zu gemeinsamen Aktivitäten erst mal zwingen, weil Sie keine Lust oder Energie verspüren. Sie werden aber merken, dass Sie sich am Ende selbst auch besser fühlen!

Gemeinsame Aktivitäten

- Spielabende
- Kuschelmomente (übrigens brauchen auch größere Kinder noch Berührungen und körperlichen Kontakt – natürlich nur im Rahmen dessen, was das Kind wünscht)
- Ermöglichen Sie Rückzugsmöglichkeiten: Höhlen, Zelte, Hängematten! In solchen eng begrenzten und „anschmiegsamen" Räumlichkeiten finden Kinder Geborgenheit, wenn sie sich verunsichert fühlen.
- Sorgen Sie für gemeinsame Mahlzeiten. Ihre Kinder sollten weiterhin das Essen bekommen, das sie gewohnt sind, denn eine Veränderung der gewohnten Ernährung ist in Stressmomenten schwer zu ertragen. (Süßigkeiten sind ein beliebter, aber schlechter Trost!)
- Kinobesuche (möglichst lustige Filme, um gemeinsames Lachen zu ermöglichen)
- Gemeinsames Musizieren, Malen oder Lesen
- Sport treiben (Joggen zu zweit, Tennis, Fußball usw.)
- Ausflüge, Vergnügungsparks (was immer das Kind interessiert)
- Besuche bei Freunden oder Verwandten (Ausbau des sozialen Netzes)

Einige Wochen nach dem Entschluss zur Trennung haben die verschiedenen Familienmitglieder schon mit der „Verarbeitung" des Schocks begonnen. Es gilt, die neue „Wahrheit" zu akzeptieren und sie in das Bild, das man von sich selbst und von der Familie hat, zu integrieren. Kein leichter Weg, aber doch ein wichtiger und nötiger, bei dem dieses Buch Ihnen helfen will. Oft zeigt sich erst hinterher, wie lehrreich und hilfreich eine Krise für die persönliche Entwicklung sein kann. Natürlich würden wir auf so manche „Lehre", die das Leben für uns hat, gerne verzichten. Wenn wir aber am Ende einer Krise sagen können: „Sie hat mich ein Stück weitergebracht", vermitteln wir unseren Kindern die Botschaft: Es lohnt sich weiterzumachen und zu kämpfen. Jeder Mensch geht seinen Weg und auch ich werde meinen Weg finden.

Helfen Sie sich selbst!

Eine Trennung bringt fast immer eine Lebenskrise mit sich. Trotzdem braucht das Kind Halt und Sicherheit.

Es ist ganz natürlich, dass man während und nach einer Trennung in einer Lebenskrise steckt. Wie eingangs berichtet, ist eine Trennung eine traumatische Erfahrung, die an den Grundfesten der eigenen Existenz rüttelt. Die andere Person ist zwar nicht gestorben, doch gestorben sind die Hoffnungen und Träume, die man für sich und die Familie hatte. Hinzu kommen oft Verbitterung, Wut und Angst vor der Zukunft. Diese Gefühle können Sie nicht einfach beiseite schieben, um Ihrem Kind zu helfen.

Andererseits: Ihr Kind braucht Sie, braucht jemanden, der Zuversicht ausstrahlt, Hoffnung und Halt gibt, trösten kann. Nur: Wie können Sie Ihrem Kind helfen, wenn Sie selbst am Boden liegen?

Die Aufgabe, selbst mit der Trennung fertig zu werden und gleichzeitig auch noch die Kinder zu unterstützen, erfordert einen Spagat, an dem viele Eltern beinahe verzweifeln. Daher erst einmal eine gute Nachricht: Kinder sind sehr großzügig und auch sehr verständnisvoll. Wenn es Ihnen nicht gleich von Anfang an gelingt, „optimal" für Ihre Kinder da zu sein, dann kann man Versäumnisse nachholen, indem man hinterher mit den Kindern über das, was passiert ist, redet. So schwer die Fehler sind, die Eltern machen, größer noch ist die Bereitschaft der Kinder, Entschuldigungen anzunehmen und zu verzeihen.

Wenn Sie das Gefühl haben, Ihrer Verantwortung für die Kinder gar nicht mehr gerecht werden zu können, dann sollten Sie Hilfe holen. Vielleicht können Freunde oder Verwandte einspringen oder auch das Jugendamt. Egal, wie schlecht es Ihnen geht, Sie sollten Ihren Kindern zumindest erklären, dass es Ihnen nicht gut geht, dass es nicht die Schuld der Kinder ist und dass Sie wissen, dass Ihr Kind im Moment zu kurz kommt.

Die Trauer, die man bei einer Trennung empfindet, kann nicht umgangen werden. Wie jedes Gefühl braucht sie ihre Zeit. Man kann allerdings etwas dafür tun, damit man nicht stecken bleibt und sich monate- und jahrelang nur im Kreise dreht. Überlegen Sie, ob Sie Hilfe bei der Trauerarbeit brauchen. Eine vorübergehende Begleitung oder Therapie kann eine wichtige Stütze bieten. Sie können aber auch allein an der Trauer „arbeiten". Dazu müssen Sie kreativ werden. Schreiben Sie gerne oder malen Sie lieber? Versuchen Sie verschiedene Methoden, um Ihre Gefühle auszudrücken. Grenzen Sie auch Ihr Thema ein: Fühlen Sie vornehmlich Wut, Hass, Schuld, Scham oder Einsamkeit? Das Ziel der Trauerarbeit ist es, die Gefühle, die Sie bewegen, zu akzeptieren und nicht länger zu bekämpfen.

Setzen Sie sich bewusst mit der zerbrochenen Partnerschaft auseinander, um Gefühle zu verarbeiten.

Auf lange Sicht gesehen sollte man das eigene Leben mit allen Höhen und Tiefen annehmen, da man sonst Gefahr läuft, verbittert zu werden und in der Entwicklung stehen zu bleiben. Lassen Sie Ihre zerbrochene Partnerschaft Revue passieren, geben Sie ehrlich zu, welche Fehler Sie gemacht haben. Haben Sie etwas getan oder versäumt, was Sie bereuen? Schreiben Sie das auf! Haben Ihre Erfahrungen vielleicht doch einen tieferen Sinn gehabt? Haben Sie etwas für die Zukunft gelernt? Viele Menschen denken ohnehin jeden Tag an ihren Schmerz und sehen nicht ein, warum sie sich noch intensiver mit diesem Schmerz befassen sollen. Es ist aber ein Unterschied, ob man sich seinem Leid ausgeliefert fühlt oder ob man sich aktiv damit auseinander setzt! Wenn man durch Schreiben seine Gefühle festhält, gelingt es oft, endlich wieder die Kontrolle über die eigenen Gedanken zurückzugewinnen. Natürlich passiert das nicht über Nacht, aber es sollte sich doch nach einigen Wochen eine allmähliche Veränderung anbahnen.

Wenn sich eine Depression anbahnt, sollte man unbedingt professionelle Hilfe in Anspruch nehmen.

Vielleicht können Sie sich zu einer aktiven Trauerarbeit aber nicht aufraffen? Falls Sie keine Energie haben, hoffnungslos sind und nur mit Sorge und Angst an die Zukunft denken können, wenn Sie keine Freude empfinden und an nichts Interesse haben, dann leiden Sie womöglich an einer Depression. Fast jeder Mensch geht früher oder später einmal durch eine Depression. Ärzte und Therapeuten können helfen, wenden Sie sich an professionelle Helfer! Sie sind es Ihren Kindern schuldig, sich um sich selbst zu kümmern. Bitte bedenken Sie, welche Angst und Panik es in Ihren Kindern auslöst, wenn Sie Selbstmordgedanken äußern oder auf andere Weise ausdrücken, dass Sie nicht mehr weitermachen

wollen! Sie haben ein Recht auf Familienhilfe, wenn Sie
vorübergehend mit der Erziehung der Kinder überlastet sind
– bitte setzen Sie sich gegebenenfalls mit dem zuständigen
Jugendamt in Verbindung!

Das Gefühl der Hilflosigkeit

Zwar haben viele Menschen, die leiden, den Impuls, sich zu-
rückzuziehen und still zu verhalten. Manchmal kann man ja
auch etwas Ruhe und Besinnung gebrauchen, doch meist ist
Untätigkeit ein Faktor, der die Zeit der Trauer und des
Schmerzes nur verlängert. Daher sollten Sie sich notfalls
zwingen, aktiv zu werden. Seien Sie Vorbild, an dem Ihr
Kind sich orientieren kann. Suchen Sie sich unter den Anregungen in diesem Kapitel eine aus und öffnen Sie sich für die
Möglichkeit, dass sie etwas in Ihnen bewegt. Beobachten Sie,
wie Ihre Stimmung die Stimmung Ihrer Kinder beeinflusst,
und übersehen Sie nicht, wenn Ihre Anteilnahme und Aufmerksamkeit bewirken, dass sich Ihr Kind Ihnen zuwendet.
Wenn Ihr Kind alt genug ist, erklären Sie ihm, wie es Ihnen
im Moment geht. Natürlich sollen Sie Ihr Kind nicht mit Informationen belasten, die es nicht hören will. Es ist auch
kein „Beichtvater" und keine „beste Freundin". Aber es sieht
ja ohnehin, wie es Ihnen zurzeit geht, und wird es zu schätzen wissen, wenn Sie seine Erfahrung bestätigen: „Ja, ich bin
ziemlich niedergeschlagen in letzter Zeit." Fragen Sie nach,
was Ihr Kind glaubt, was los ist. Oft haben Kinder Ängste
und Sorgen, die ganz unnötig sind, die aber nie beruhigt
werden, weil die Erwachsenen gar nicht wissen, was sich das
Kind in seiner Fantasie ausmalt.

Der Schmerz wird umso schlimmer, je ausgelieferter und hilfloser man sich fühlt.

Was Sie tun können:

- Treiben Sie Sport, machen Sie Entspannungsübungen.
- Lesen Sie Bücher, die Ihnen auf Ihrem Weg helfen können.
- Schreiben Sie regelmäßig Tagebuch oder Briefe.
- Öffnen Sie sich für Gefühle, um sie dann wieder ziehen zu lassen.
- Malen Sie oder finden Sie andere künstlerische oder kreative Wege, um Ihre Gefühle auszudrücken.
- Treffen Sie sich mit Freunden, führen Sie Gespräche, bauen Sie Ihr soziales Netz aus.
- Sagen Sie anderen genau, was Sie im Moment brauchen. Nehmen Sie Hilfe an.
- Eine gute Tat pro Tag! Sie werden überrascht sein, wie viel besser Sie sich selbst fühlen, wenn Sie anderen etwas Nettes tun oder sagen.
- Halten Sie inne, wann immer Sie glauben, nicht weiter zu können: Stehen Sie auf, machen Sie Streck- und Dehnübungen, machen Sie einen Spaziergang, rufen Sie jemanden an, schreiben Sie eine kurze Notiz darüber, wie es Ihnen geht.
- Erlauben Sie sich einen Luxus oder machen Sie etwas Überraschendes: Lassen Sie sich massieren, gehen Sie in die Sauna, überlegen Sie sich ein neues Hobby oder streichen Sie Ihr Wohnzimmer in einer hellen Farbe.
- Geben Sie Fehler und Versäumnisse zu, ziehen Sie „Lehren" für die Zukunft.
- Machen Sie Pläne! Kämpfen Sie gegen die Hoffnungslosigkeit an, indem Sie ganz konkret etwas in der

nahen Zukunft planen (nächstes Wochenende oder in den nächsten Ferien).

- Konzentrieren Sie sich auf den Tag, der vor Ihnen liegt, ohne sich von der Sorge um die weitere Zukunft überwältigen zu lassen.
- Machen Sie Listen und arbeiten Sie sich dann systematisch von Punkt zu Punkt durch. Oder schreiben Sie Dinge, die getan werden müssen, auf kleine Zettel und werfen Sie diese in eine Schachtel. Ziehen Sie dann jeden Tag einen einzelnen Zettel und erledigen dies.
- Achten Sie auf eine ausgewogene Ernährung und ausreichend Ruhe und Schlaf.
- Verzichten Sie auf Betäubungsmittel und Alkohol.
- Holen Sie professionelle Hilfe ein.

Was besonders schwierig war

Mein Vater hat mir intime Details aus seiner neuen Beziehung erzählt. Bis heute ekele ich mich davor, so etwas von meinem Vater zu wissen. Ich denke, man muss sehr behutsam mit seinen eigenen Kindern umgehen. Man will als Kind, egal, wie alt man ist, nicht wissen, warum Sex mit der Freundin so toll ist, und auch sonst keine intimen Details oder fiese Streitigkeiten. Maja, 45 Jahre

Schwer war, dass wir nicht mehr alle zusammen waren und ich ständig zwischen beiden Eltern wechseln musste.
Franziska, 15 Jahre (7 bei der Scheidung)

Was mich traurig gemacht hat, war, dass meine Eltern oft noch Auseinandersetzungen wegen des Geldes hatten. Ich hätte mir ein wenig mehr Unterstützung von unserem Vater gewünscht, vielleicht, dass er auch mal etwas Geld geschickt oder uns öfters angerufen hätte, als wir noch jünger waren.

Dalia, 17 Jahre

Nach der Scheidung brach für mich persönlich eine Welt zusammen. Von da an bekam ich meinen Vater noch seltener zu sehen und die Schuld daran hatte für mich einzig und allein meine Mutter, so dass auch die Beziehung zu meiner Mutter sehr darunter gelitten hat.

Hans, 38 Jahre (12 Jahre bei der Scheidung)

Ich war meine ganze Kindheit über viel allein. Meine Mutter kam erst um 18 Uhr aus dem Büro. Das Wochenende verbrachte sie oft mit ihrem Freund und ich musste mich selbst versorgen.

Susanne, 42 Jahre

Was schwer war? Von heute auf morgen meine Mutter nicht mehr zu sehen, und wenn, dann nur mit ihrem Freund, den ich verachtete.

Kilian, 22 Jahre (9 Jahre bei der Trennung)

Es war schwierig, dass man sich über das Thema nicht unterhalten konnte. Gleichzeitig war ich das „Taschentuch" für meine Mutter, habe sie getröstet.

Nadine, 24 Jahre (5 Jahre bei der Trennung)

Es war schrecklich, dass ich meinen Vater nicht mehr sehen durfte.

Hermine, 15 Jahre

Wie Kinder auf Trennung und Verlust reagieren

Kinder unterschiedlichen Alters haben unterschiedliche Bedürfnisse und reagieren verschieden auf die Trennung der Eltern. Dabei spielen jeweils auch äußere Faktoren, auf die Eltern nicht immer Einfluss haben, eine Rolle. Nicht zu vergessen sind auch die Unterschiede zwischen Jungen und Mädchen. Oft haben Jungen größere Schwierigkeiten mit der Trennung der Eltern als Mädchen.

Allerdings nützen Verallgemeinerungen nur, wenn man tatsächlich ein Kind hat, das sich ganz „typisch" verhält. Daher ist es wichtig, das Kind als Individuum zu nehmen, und zu beobachten wie es reagiert und was es braucht.

Babys

Die Allerkleinsten werden von der Trennung oder Scheidung wenig begreifen. Solange sie sich geborgen und umsorgt fühlen, kann eine Trennung der Eltern für sie völlig untraumatisch sein. Allerdings reagieren sie sensibel auf Gemütsschwankungen der Eltern und auf Veränderungen in den Lebensumständen. Dabei gibt es schon im jüngsten Alter große Unterschiede in der jeweiligen Persönlichkeit. Manche Babys sind von Anfang an gelassen und ruhig. Andere reagieren in neuen Situationen mit offensichtlichem Stress.

Schon Babys haben eine ausgeprägte Persönlichkeit und reagieren unterschiedlich auf eine Trennung.

Überlegen Sie, welches „Temperament" Ihr Baby hat. Wie reagiert es, wenn die Eltern nicht zu Hause sind und ein Babysitter den Einschlafritus übernimmt? Ist es im Urlaub beziehungsweise in neuer Umgebung schnell wieder der oder die Alte? Lässt es sich von beiden Elternteilen gleichermaßen beruhigen?

Eine weitere wichtige Frage ist, wie sicher das Baby gebunden ist. Säuglinge sind von Anfang an, also von Geburt an, um Bindung bemüht und suchen Kontakt. Sie imitieren Mimik, bevorzugen Stimmen und Gesichter von Menschen, die sie kennen, und kommunizieren durch Laute. Im Idealfall gibt es eine Person – das ist meistens, aber nicht immer, die Mutter –, die auf diese Bindungsbemühungen des Babys reagiert und so präsent und zuverlässig ist, dass sich tatsächlich eine verlässliche Bindung entwickelt.

Doch leider läuft manchmal etwas schief in der kindlichen Entwicklung. Sei es, dass niemand auf das Kind eingeht, die Eltern es vernachlässigen, keinen Trost bieten können, nicht berechenbar sind oder dass traumatische Erlebnisse das Baby verstören; dann kann es keine sichere Bindung entwickeln. Psychologen sprechen dann von vermeidend, ambivalent oder desorganisiert gebundenen Kindern. Eine Bindungsstörung zeigt sich zum Beispiel daran, dass Kinder übermäßige Trennungsangst haben oder gar nicht auf Trennungen zu reagieren scheinen.

Eine Trennung von der primären Bezugsperson kann für das Baby traumatische Folgen haben – feste Beziehungen sollten daher gewahrt bleiben.

Je nachdem, welches Temperament Ihr Kind hat und welche Bindung es aufbauen konnte, wird es mehr oder weniger gut mit der Trennung umgehen können. Diese Kriterien sollten auf jeden Fall mit berücksichtigt werden, wenn es darum geht, wie und wo das Kind leben wird.

Für einen Säugling ist es nicht so wichtig, ob er in der vertrauten Umgebung bleibt oder nicht, solange die vertraute Person weiterhin verlässlich zur Verfügung steht. Dass das Baby erst einmal eine wichtige Beziehung entwickeln soll, heißt nicht, dass der andere Elternteil sich ganz zurückziehen muss. Im Gegenteil, durch regelmäßige Besuche wird die vorhandene Beziehung ausgebaut, so dass später tatsächlich eine Sorge zu gleichen Teilen möglich wird.

Das größte Problem, das viele „Trennungsbabys" haben, ist, dass plötzlich die Eltern so abgelenkt, gestresst oder depressiv sind, dass sie nicht mehr „verlässlich" sind. Wenn Babys selbst Stresssymptome entwickeln, dann meist, weil sie durch die Stimmung der Eltern tief verunsichert sind. Solche Symptome beim Baby können sich in Schlafstörungen, Essstörungen, häufigem Weinen oder Ängstlichkeit äußern. Wichtig ist, dem Säugling viel verlässliche Aufmerksamkeit zukommen zu lassen. Er muss wissen, dass er nicht alleine gelassen wird. So viel Routine wie möglich hilft dem Kind, Halt zu finden. So sollte immer zur gleichen Uhrzeit gegessen und geschlafen werden, beim Einschlafen hilft ein Bad, eine Geschichte oder ein Lied.

Kleinkinder

Im zweiten Jahr beginnt oft schon die Phase des ersten Trotzes. Das Kind probiert unnachgiebig seine Grenzen aus und bringt so immer wieder die Eltern dazu, ihrerseits an ihre Grenzen zu stoßen. Oft scheint es nicht zu wissen, was es will, und man kann es gar nicht recht machen: Das Kind weint, weil es auf den Arm genommen werden will, und wenn man es auf den Arm nimmt, schlägt es Vater oder Mutter ins Gesicht. Es braucht viel Aufmerksamkeit, will aber gleichzeitig vieles selber machen und auf Entdeckungstouren gehen. Die Eltern haben alle Hände voll zu tun aufzupassen, damit nichts passiert, da zu sein, wenn das Kind sie braucht, und loszulassen, um der Entwicklung des Kindes nicht im Wege zu stehen.

Kleinkinder können mit Trennungen umgehen, wenn sie friedlich verlaufen.

Was für Säuglinge gilt, trifft auch auf Kleinkinder noch zu: Sie brauchen vor allem eine Hauptbezugsperson und die Pflege und Geborgenheit, die sie gewohnt sind. Die Tatsache, dass ein Elternteil sich aus dem Haushalt zurückzieht und weniger verfügbar ist, muss kein Trauma sein. Viele Kinder leben mit Eltern, von denen eine/r aus Arbeitsgründen während der Woche in einer anderen Stadt wohnt, oder die heiß geliebten Großeltern verbringen einige Wochen im Haus und gehen dann bis zu einem späteren Besuch wieder fort. Da diese „Besuche" aber nicht mit Streit und Drama verbunden sind, werden sie als natürlicher Teil des Lebens verstanden. Schwierig wird es für Kleinkinder erst, wenn es viele Spannungen zu Hause gibt, wenn ein Elternteil sich abwendet oder wenn das Kind sich nicht mehr geborgen fühlt.

Kleinkinder verfügen zwar schon über einen relativ großen Wortschatz, sie verstehen aber oft Dinge ganz anders als Erwachsene. Es wäre sinnlos, einem drei- oder auch fünfjährigen Kind zu sagen: „Papa und Mama haben sich nicht mehr lieb. Wir lassen uns scheiden, aber du bist nicht schuld!" Das Kind wird solche abstrakten Gedanken nicht nachvollziehen können und sich höchstens fragen, ob Mama und Papa auch aufhören, es selbst lieb zu haben. Das Wort Scheidung kennt es höchstens aus dem Kinderlied: Winter ade, scheiden tut weh. Auf Seite 72 ff. können Sie nachlesen, was genau Sie Ihren Kindern sagen können. Aber schon hier sei gesagt: Kinder brauchen eine „Warnung", falls Dinge sich ändern werden. Vor allem wollen sie wissen, was bleiben wird wie bisher. Alle Erklärungen, die darüber hinausgehen, sind eigentlich schon zu viel, es sei denn, das Kind fragt selbst.

Schulkinder

Wenn Kinder in die Schule kommen, sind sie im Allgemeinen offen für soziale Kontakte und neugierig auf neue Wissensgebiete. Freunde und Interessen, die nichts mit den Eltern zu tun haben, gewinnen an Gewicht. Doch wenn die häusliche Atmosphäre unsicher wird und Konflikte in der Luft liegen,

Für Grundschulkinder ist die Trennung der Eltern am schwersten zu verkraften.

gilt auch für Schulkinder: Abgelegte und in diesem Fall klein-
kindliche Verhaltensweisen werden wieder aufgenommen.
Viele Kinder bekommen Schwierigkeiten in der Schule, werden
unkonzentriert, ziehen sich zurück oder werden aggressiv
gegen sich selbst oder gegen andere.

Tatsächlich haben Kinder im Alter von vier bis zwölf Jahren
die meisten Schwierigkeiten mit der Trennung der Eltern. Sie
haben schon die intellektuelle Fähigkeit zu verstehen, was eine Scheidung bedeutet, aber noch immer machen sie sich
ganz andere Vorstellungen von Begriffen wie Zeit oder Liebe
als Erwachsene. Für ein Kind ist Liebe das, was sie für die
Eltern, für ihren Hund und für die Großeltern empfinden.
Leidenschaftliche Liebe begreifen sie meist nicht. Das Wort

**Für ein achtjähriges
Kind ist ein Jahr
eine Ewigkeit! Für
den Erwachsenen
vergeht ein Jahr wie
im Flug.**

Scheidung kennen sie vielleicht von Schulfreunden, sie malen
sich diese aber womöglich viel schrecklicher aus, als sie ist.
Mit anderen reden können sie über ihre Sorgen noch nicht
so richtig, denn Gleichaltrige können keinen Rat geben.
Dazu kommen eventuelle Schuldgefühle und Scham vor
Klassenkameraden.

Wenn zu Hause die Atmosphäre gespannt ist und das Kind
sich nicht mehr sicher behütet und geborgen fühlt, kann die
eigentliche Trennung eine Erleichterung bringen. Dies ist natürlich nur der Fall, wenn Spannungen und Streitigkeiten
zwischen den Eltern aufhören. Wenn allerdings Streitigkeiten
andauern und das Kind in einen Loyalitätskonflikt gezogen
wird, kann es, wie wir später sehen werden, gravierende
Störungen entwickeln. In diesem Buch werden Sie vieles
finden, was dem Kind hilft, gesund in die neue Lebensphase
einzutauchen.

Teenager

Die Pubertät ist eine schwierige Zeit. Kein Kind mehr und
doch noch nicht erwachsen, ist der oder die Jugendliche auf
der Suche nach der eigenen Identität. Er/sie braucht noch die
Liebe und Unterstützung der Eltern, will dies aber keinesfalls
zugeben. Ohnehin ist jetzt die Zugehörigkeit zur Gruppe
wichtiger. Während manche Jugendliche nur mit erträglichen
Gefühlsschwankungen und kleinen Krisen zu kämpfen haben, fallen andere in tiefe Depressionen, experimentieren mit
lebensgefährlichen Substanzen oder verändern regelrecht ihre
Persönlichkeit.

Jugendliche können mit einer schweren Krise reagieren – doch mit Unterstützung verkraften viele die Trennung der Eltern gut.

Von Seiten der Eltern besteht die Gefahr, die Kinder zu über-
schätzen. Da sie schon so alt und verständig erscheinen, werden ihnen Dinge erzählt, die nicht für ihre Ohren geeignet
sind. Grundsätzlich gilt, dass Eltern nicht schlecht voneinander reden oder gar intime Geheimnisse preisgeben sollten.
Die Kinder sollen auch nicht als „Ratgeber" benutzt werden.
Natürlich gibt es viele Kinder, die sich Sorgen machen und
gerne helfen würden. Es wäre unsinnig, die Liebe und Für-
sorge von Kindern zurückzuweisen; nehmen Sie diese mit
Dankbarkeit entgegen. Aber machen Sie auch klar: „Ich bin
selbst für mein Glück verantwortlich. Du bist nicht schuld
daran, wenn ich unglücklich bin, und es ist auch nicht deine
Aufgabe, mein Leben wieder zu richten oder mich für ein
hartes Leben zu entschädigen!"

Andere Teenager zeigen keine Liebe, sondern nur Verachtung für die Eltern. Wo sie früher bewundert und geliebt
haben, sehen sie plötzlich nur noch Fehler und Unzulänglich-

keiten. Das ist natürlich hart. Womit hat man das verdient?
Hat man wirklich so viel falsch gemacht? Oder sind die
Jugendlichen nur egoistisch und unverschämt?

Pubertierende Jugendliche wenden sich oft von den Eltern
ab, um dann, einige Jahre später, wieder „zurückzukehren".
Doch wenn in diese Zeit die Trennung der Eltern fällt, können sich die Probleme maximieren. Zudem sind die Teen-
agerjahre ohnehin die „gefährlichsten" Jahre im Leben eines
Menschen. Die Suizidrate ist groß, Kriminalität und Drogen-
konsum können ebenfalls in die Sackgasse führen. Angesichts solcher Risiken sei Eltern versichert: Eine Aussöhnung
mit revoltierenden Jugendlichen lässt sich nicht erzwingen.
Es kann aber helfen, wenn man Dinge möglichst nicht persönlich nimmt und dennoch gewisse Respektregeln einfor-
dert. Die Jugendlichen haben trotz ihrer äußerlichen Erscheinung und ihres Auftretens noch viele kindliche Bedürfnisse.

Lassen Sie sich leiten von den Fragen: Was braucht mein
Teenager, um sich geborgen zu fühlen? Wie kann er lernen,
verantwortlich zu handeln und selbstständig zu werden?
Vorwürfe und Vorhaltungen nützen nichts, bemühen Sie sich
lieber um offene Gespräche, in denen Regeln ausgehandelt
werden.

Entscheidend ist nicht, ob die Eltern zusammen sind
oder nicht. Wichtig für Jugendliche sind ein gutes Selbstwertgefühl und die Perspektive auf eine lebenswerte
Zukunft. Es ist nie zu spät, den Kindern zu vermitteln:
Ich glaube an dich.

Allgemeine Reaktionen und Symptome

Im Folgenden finden Sie eine Übersicht der häufigsten Reaktionen, mit denen Kinder auf Trennung und Verlust reagieren. Bedenken Sie aber auch: Eine Trennung muss nicht traumatisch sein, sie muss keinen Verlust bedeuten! Seien Sie also nicht verwundert, wenn es Ihrem Kind gut geht. (Mehr dazu, wie Kindern bei der Verarbeitung von traumatischen Erlebnissen geholfen werden kann, finden Sie in meinem Buch Kinder und Trauma, 2005.)

Seien Sie auf Symptome vorbereitet und reagieren Sie prompt und sensibel. Es kann aber durchaus auch vorkommen, dass Ihr Kind die Trennung ohne Symptome verkraftet.

Wenn Ihr Kind unter der Nachricht oder der eigentlichen Trennung leidet, wenn die im Folgenden genannten Symptome in Erscheinung treten, dann ist Ihr Kind verunsichert. Der Grund dafür ist nicht unbedingt die Trennung selbst, sondern es sind die Angst und die Sorgen, die das Kind sich macht.

Welcher Art die Symptome Ihres Kindes auch sind, sie sind Ausdruck der zwiespältigen Gefühle, die es bedrängen. Haben Sie Verständnis für die Nöte Ihres Kindes und überlegen Sie sich, warum es gerade so reagiert, wie es das tut. Wenn Sie den Verdacht haben, dass es nur Aufmerksamkeit will oder durch die vereinte Sorge ums Kind die Eltern wieder zusammenbringen will, dann ist dies kein Grund, sich dem Kind zu entziehen. Natürlich wünschen sich Kinder die Aufmerksamkeit und die Versöhnung der Eltern! Aufmerksamkeit soll das Kind auch bekommen und dazu die Sicherheit, dass es weiterhin gut aufgehoben sein wird. Verunsicherte Kinder brauchen die Gelegenheit, wieder Vertrauen zu fassen, sie brauchen vor allem Verständnis und Zuwendung.

Was Sie tun können:

- Achten Sie darauf, dass Säuglinge und Kleinkinder so viel Geborgenheit und Sicherheit wie möglich erfahren. Die Versorgung der kindlichen Grundbedürfnisse hat größte Priorität.
- Überlegen Sie, inwieweit Ihr Schulkind abstrakte Gedankengänge verstehen kann. Welche Vorstellungen hat es von „Partnerschaft", „Familie" oder „Liebe"?
- Hören Sie zu, wenn Kinder reden, und fragen Sie nach. Welche Sorgen und Ängste bedrücken Ihr Kind? Was fehlt ihm, um sich geborgen und sicher zu fühlen? Beachten Sie, dass Kindern oft Worte für ihre Gefühle fehlen und sie diese besser in Bildern, im Spiel oder in Geschichten ausdrücken können.
- Bedenken Sie, dass Aggressivität oder Hyperaktivität oft durch Stress und Unsicherheit ausgelöst werden.
- Stärken Sie das Sicherheitsgefühl Ihrer Kinder, indem Sie dafür sorgen, dass möglichst viele Dinge so bleiben wie bisher.
- Egal, wie alt Ihre Kinder sind: Tun Sie alles, um ihr Selbstwertgefühl zu stärken, indem Sie Erfolgserlebnisse ermöglichen, Liebe ausdrücken, altersgerechte Verantwortung übertragen, Kritik vermeiden und stattdessen geleistete Anstrengung anerkennen – und vor allem: indem Sie Zeit mit den Kindern verbringen, damit diese merken, dass sie wichtig sind!
- Ältere Kinder brauchen Gesprächspartner. Bitten Sie Verwandte oder Freunde, mit Rat und Tat zur Verfügung zu stehen.

Trauer und Depression

Die Trauer ist eine natürliche Reaktion, wenn man etwas
verliert. Sie braucht ihre Zeit. Helfen Sie Ihren Kindern, indem Sie die Trauer zulassen und sich auch anhören, was Ihre
Kinder zu sagen haben. Auf Seite 66 ff. können Sie nachlesen, wie wichtig es ist, Abschied zu nehmen. Abschiedsrituale scheinen die Trauer zunächst zu intensivieren, doch sind
diese Gefühle ja tatsächlich vorhanden, sie werden dabei ge-
wissermaßen nur „konzentriert". So helfen Rituale auf lange
Sicht gesehen dabei, die Trauer gut zu verarbeiten.

Rechnen Sie damit, dass Ihre Kinder niedergeschlagen wirken, wenig Interesse an Dingen haben, für die sie sich vorher
begeistern konnten, und eventuell Ess- und Schlafstörungen
entwickeln und auch häufig weinen. Sie brauchen dann Mitgefühl, das sich in Form eines empathischen Satzes („Das ist
eine ganz schön schwere Zeit für dich, was?") oder einer
spontanen Umarmung ausdrückt. Vermeiden Sie es, Druck
auf Ihre Kinder auszuüben. Sie können und sollen die Trauer
nicht einfach abschütteln. Wenn Sie Ihr Kind dazu bringen,
gute Laune an den Tag zu legen, die es nicht wirklich fühlt,
wird es die Trauer tief vergraben, wo sie größeren Schaden
anrichten kann.

**Trauerarbeit und
Rituale helfen bei
der Verarbeitung
von Verlusten.**

Es ist ein Gesetz der Physik, dass Energie nicht verloren geht.
Auch Trauer verschwindet nicht, wenn man sie unterdrückt,
sie kommt in anderer Form wieder hervor. Die Energie wird
dann vielleicht dafür gebraucht, um alle Gedanken an den
traurigen Anlass zu verdrängen. Oder dafür, vor vielen Dingen Angst zu haben, sein Leben völlig umzukrempeln, die

Welt zu hassen, sich selbst weh zu tun oder auch dafür, die Person, um die man nicht trauern will, zu verdammen. Besser, man lässt die Trauer zu, auch wenn sie weh tut!

Sorgen sollten Sie sich allerdings machen, wenn Ihr Kind in eine Depression fällt. Depressive Kinder können sich über nichts mehr freuen, haben kein Selbstvertrauen und keine Hoffnung, dass es irgendwann besser wird. Tragischerweise gibt es auch immer wieder Kinder, die einen Suizid nicht nur erwägen, sondern – oft genug erfolgreich – versuchen. Kindliche Depressionen kommen in jedem Alter vor (selbst Babys können Symptome einer Depression entwickeln!) und werden oft von den Eltern nicht erkannt. Dabei kann man sie mit konkreter Zuwendung, therapeutischer Begleitung und manchmal auch Medikamenten sehr gut in den Griff bekommen.

Was Sie tun können:
- Reden Sie mit Ihren Kindern! Je besser Kinder über Gefühle reden können, je mehr „Vokabeln" sie für Gefühle haben und diese in sich und anderen auch erkennen können, umso geringer ist die Gefahr, dass sie depressiv werden.
- Sorgen Sie für einen geregelten Tagesablauf! Ihr Kind braucht so viel Gewohntes und so viel Sicherheit wie möglich.
- Wenn Sie glauben, dass Ihr Kind trauert, die Trauer aber nicht zulassen kann (keine Tränen hat), dann sehen Sie doch zusammen einen traurigen Film an. Manchmal ist es leichter, über den Kummer anderer

zu weinen, doch wenn die Tränen erst einmal fließen, kommt auch die eigene Trauer durch.

- Schrauben Sie die Anforderungen herunter! Ermöglichen Sie Erfolgserlebnisse.
- Rechnen Sie vor allem an Geburtstagen, Weihnachten oder in der Urlaubszeit mit starken Gefühlen. Seien Sie vorbereitet und nicht enttäuscht, wenn Ihr Kind sich angesichts der Veränderungen nicht richtig freuen kann.
- Denken Sie sich Abschiedsrituale aus, an denen die ganze Familie teilhaben kann.
- Laminieren Sie Fotos von sich und dem anderen Elternteil und geben Sie diese Ihrem Kind als ständigen Begleiter mit.
- Machen Sie bedeutsame Geschenke (es kommt nicht auf den Geld-, sondern auf den Kuscheleffekt bzw. den Symbolwert an).
- Stärken Sie das Vertrauen Ihres Kindes, indem Sie ihm Ihre Liebe versichern, selbst Verantwortung übernehmen, Versprechungen einhalten usw.
- Machen Sie konkrete Pläne für die Zukunft und binden Sie Ihre Kinder ein! Je besser sich Kinder die Zukunft vorstellen können, umso geringer ist die Gefahr, dass sie hoffnungslos werden und die Lust aufs Leben verlieren. Planen Sie gemeinsam das Wochenende, den nächsten Urlaub, ein gemeinsames Projekt …
- Haben Sie viel Geduld! Kinder brauchen das Gefühl, dass ihre Eltern hinter ihnen stehen, auch wenn es ihnen einmal schlecht geht.

Verdrängung

Manchmal interessieren sich Kinder gar nicht so sehr für unser Privatleben, wie wir denken. Die Eltern heben gerade an, ihr Seelenleben offen zu legen und zu erklären, wie eine tiefe Liebe sich in Desinteresse und Verachtung verwandeln konnte, da fragt das Kind: „Darf ich jetzt malen gehen?"

Ein Kind lässt nur so viel an sich heran, wie es verkraften kann; wird es zu viel, verdrängt es die Realität.

Wie wir gesehen haben, wollen Kinder vor allem wissen, was sich für sie verändern wird. Der Rest ist entweder unwichtig oder belastend. Folgen Sie den Vorgaben Ihres Kindes, das nur für die Dinge Interesse zeigt, die es wissen muss, und drängen Sie keine Informationen auf, die es nicht haben will. Anderseits kommt es vor, dass Kinder auch wirklich wichtige Informationen zu ignorieren scheinen. Wenn Kinder wichtige Informationen nicht an sich heranlassen, wenn sie diese gleichsam unterdrücken, spricht man von „Verdrängung". Es sieht vielleicht für manche Eltern so aus, als wollten die Kinder sie ärgern, aber meist ist Verdrängung ein unbewusster Akt der Psyche, die nur so viel unangenehme Realität wahrnimmt, wie sie gerade verkraften kann. Verdrängung ist also eine Art Selbstschutz, zu der manche Menschen mehr tendieren als andere und die auch keineswegs auf Kinder beschränkt ist. Wer verdrängt, kann erst einmal weitermachen wie bisher und währenddessen neue Kräfte sammeln.

Für die Verdrängung kann es verschiedene Gründe geben. Manche Kinder haben Angst, von übermäßigen Gefühlen überschwemmt zu werden. Andere denken, dass sie die drohende Gefahr abwenden können, wenn sie nur einfach nicht daran denken. Dahinter steckt eine gewisse magische Weltsicht, die vor allem jüngere Kinder noch haben. Oder Kinder möchten signalisieren: „Ich werde damit fertig!" Dies könnte der Fall sein, wenn sie sich Sorgen machen, dass die Eltern mit starken Gefühlen nicht umgehen können.

So oder so trügt meist der oberflächliche Eindruck, das Kind verstehe nicht, worum es wirklich geht. Es braucht Zeit und viel Ermutigung. Je sicherer und aufgehobener Kinder sich fühlen, umso ehrlicher können sie Gefühle wie Wut, Trauer oder Angst zulassen.

Was Sie tun können:
- Erlauben Sie Ihrem Kind, den Tatsachen nach einem eigenen Zeitplan ins Gesicht zu sehen. Lassen Sie jedoch immer wieder kleine Bemerkungen einfließen, in denen die Fakten klar benannt werden.
- Bieten Sie unaufdringlich Gespräche an: „Ich würde gerne wissen, wie es dir damit geht, dass wir uns trennen werden. Hast du dir noch mal darüber Gedanken gemacht?"
- Reden Sie von Ihren eigenen Gefühlen: „Mir ist schon ein bisschen mulmig, wenn ich daran denke, wie wir dieses Jahr Weihnachten feiern werden."
- Fragen Sie nach, ob Ihr Eindruck richtig ist: „Ich habe den Eindruck, dass du im Moment gar keine Lust auf Gespräche hast. Ist das richtig?"
- Wichtig ist, dass das Kind einen Gesprächspartner hat. Wenn Sie das nicht sind, dann kann es auch jemand anderes sein. Bitten Sie eine Vertrauensperson Ihres Kindes, einmal einfühlsam ein Gespräch anzubieten.

Regression

Kinder fallen in bereits überwundene Verhaltensweisen zurück, wenn sie sich verunsichert fühlen und unter Stress stehen.

Wir haben bereits gesehen, dass Kinder um einige Entwicklungsstufen zurückfallen können, wenn sie unter Stress stehen. Kleinkinder verhalten sich wie Babys, legen sich auf ihre Lieblingsdecke und nuckeln stundenlang oder wollen immer auf dem Schoß der Mutter sitzen, Schulkinder verhalten sich wie Kleinkinder und nässen wieder ein, lutschen am Daumen, selbst Teenager werden zuweilen wieder anhänglich und bedürftig (allerdings machen Jugendliche oft auch einen Sprung nach vorne, hin zur Ablösung und Unabhängigkeit).

Erlauben Sie Ihren Kindern diesen tröstenden Rückfall in ein Stadium, in dem sie sich sicherer gefühlt haben. Kritik oder gar Spott beschämen Kinder, tragen aber nichts dazu bei, wieder Vertrauen und Sicherheit zu gewinnen. Zeigen Sie also Verständnis und vertrauen Sie darauf, dass Ihr Kind nach einiger Zeit den Rückwärts-Schritt wieder aufholen wird.

Was Sie tun können:
- Überlegen Sie, welche Ängste und Sorgen Ihr Kind haben könnte.
- Hören Sie zu, achten Sie auf symbolisches Spiel bzw. gemalte Bilder.
- Schenken Sie Ihrem Kind Zeit und Aufmerksamkeit, so dass es sich sicher fühlen kann.
- Halten Sie an Ritualen und Tagesrhythmen fest.
- Vermeiden Sie Überbehütung. Trauen Sie Ihren Kindern etwas zu, ohne sie unter Druck zu setzen.

Angst und/oder Panik

Eine häufige Reaktion auf Umbrüche und Trennungen in Familien ist eine Verunsicherung im Kind, die mit Angst einhergeht. Besonders kleine Kinder entwickeln Trennungsängste, werden anhänglich oder können sich morgens im Kindergarten nicht von der Person, die sie gebracht hat, trennen. Auch Angst vor der Dunkelheit, vor Monstern oder vor anderen Dingen ist möglich. Bei größeren Kindern werden die Ängste konkreter und haben oft direkt mit der Trennung zu tun. Kinder haben Angst vor der Zukunft, vor dem Leben ohne Vater oder Mutter, vor weiteren Verlusten. Manchmal haben Kinder auch Angst um einen Elternteil: dass die Mutter mit der Trennung nicht zurechtkommt oder dass der Vater seine Selbstmorddrohung wahr machen wird. Übrigens äußert sich Angst nicht immer durch ängstliches Verhalten, denn Kinder, die großen Mut vortäuschen, angeben und mit ihrer Macht prahlen, verdecken oftmals mit ihrem Gehabe tiefsitzende Ängste.

Das Leben ist unberechenbar. Das erfährt ein Kind in einer Trennungssituation. Es kommt zu einer Verunsicherung, die Angstreaktionen auslösen kann.

Früher oder später macht jedes Kind die Erfahrung, dass das Leben nicht nur schön ist. Menschen sterben, Unfälle passieren, Eltern trennen sich. Die Lehre, die wir alle machen müssen, ist: Es gibt keine Garantien. Das verunsichert natürlich, ist aber nun mal so. Wobei wir Kindern helfen können ist, die Fähigkeit zu erwerben, sich auf Umbrüche einzustellen und dabei das Vertrauen in sich selbst und in die Welt nicht zu verlieren. Kinder, die ausgesprochene Ängste entwickeln, sind zutiefst verunsichert. Sie brauchen die Gewissheit, dass sich auch in Zukunft jemand um sie kümmern und sie schützen wird.

Was Sie tun können:

- Sprechen Sie mit Ihrem Kind über seine Ängste. Vermeiden Sie Spott oder Kritik.
- Signalisieren Sie, dass die Ängste verständlich sind, dass Sie aber den festen Glauben haben, dass Ihr Kind Probleme meistern kann.
- Überlegen Sie gemeinsam, welche Glücksbringer geeignet sind, dem Kind in der Angst zu helfen oder ihm ein Gefühl von Stärke zu vermitteln (ein Nachtlicht, ein Stofftier, ein Handy).
- Stärken Sie das Selbstvertrauen Ihres Kindes!
- Vermeiden Sie traumatisierende Konfrontationen mit Dingen, die Angst auslösen. Hilfreich ist aber die graduelle, langsame „Gewöhnung" an solche Gegenstände. Holen Sie sich Rat von Experten.
- Lesen Sie gemeinsam Kinderbücher zum Thema.
- Entwickeln Sie eine „lösungsorientierte" Lebensphilosophie. Statt sich über alltägliche Dinge zu ärgern, denken Sie laut vor Ihrem Kind: „Man könnte dieses Problem so oder so angehen!"
- Seien Sie großzügig mit Lob, wenn Ihr Kind die Angst überwindet (machen Sie aber keinen Druck – das Kind braucht Zeit).
- Lassen Sie Albträume erzählen und denken Sie sich zusammen ein besseres Ende aus. Ihr Kind kann die Träume auch aufschreiben, um ein Gefühl der „Kontrolle" über die Träume zu bekommen.
- Bei Panikanfällen oder Phobien wenden Sie sich an einen Arzt oder Therapeuten.

Panikanfälle und Phobien sind Ängste, die massive Störungen verursachen. Bei Panikanfällen denken die Betroffenen oft, das Herz werde zerspringen, man falle gleich in Ohnmacht oder man verliere im nächsten Moment völlig die Kontrolle. Wer mehrere Panikanfälle hatte, kann auch „Angst vor der Angst" entwickeln: Angst vor einem neuen Panikanfall. Dann vermeiden Menschen bestimmte Situationen, in denen sie einen Panikanfall befürchten.

Die Phobie ist eine Angst, die solch lähmende Wirkung hat, dass die Betroffenen alles Mögliche tun, um den Dingen, die Angst erzeugen, aus dem Weg zu gehen. Wer eine Spinnenphobie hat, kann keine Spinne sehen, ohne sich äußerst unwohl zu fühlen. Betroffene vermeiden Keller oder Büsche, in denen sie Spinnen vermuten. Andere Menschen haben Phobien vor großen, offenen Plätzen, vor engen Räumen, vor Menschen oder vor Situationen, in denen sie öffentlich reden müssen. Panikanfälle und Phobien bei Kindern sollten therapeutisch behandelt werden.

Wut und/oder Aggression

Wenn im Leben nicht alles so läuft, wie man sich das wünscht, spürt man natürlicherweise Wut. Diese Wut kann sich gegen das Leben im Allgemeinen, gegen das Schicksal oder auch gegen einzelne Personen richten. Kinder, deren Eltern sich trennen, haben allen Grund, wütend zu sein, denn sie wollten ja die Trennung nicht – und doch passiert sie. Die Eltern sollten daher die Wut ruhig zulassen. Erst wenn Kinder andere Menschen verletzen oder Eigentum von ande-

Wut entsteht aus dem Gefühl der Ohnmacht. Die frei werdende Aggression kann sich dabei auch gegen die eigene Person richten.

ren zerstören, wird Wut zum Problem. Manchmal verletzen Kinder auch sich selbst, sie reißen sich die Haare aus, ritzen sich mit Rasiermessern oder machen einen Suizidversuch, die ultimative Form von Selbstverletzung. Bei manchen Kindern wird solches Verhalten sogar zum Zwang (siehe S. 49 ff.).

Was Sie tun können:

- Ermutigen Sie Ihr Kind, Worte für seine Gefühle zu finden. Was genau macht es so wütend? Was wünscht es sich?
- Haben Sie Verständnis: „Ich kann verstehen, dass du so wütend bist!"
- Setzen Sie klare Regeln: „Hauen ist nicht okay!"
- Erzählen Sie aus Ihrem eigenen Leben. Wann ging es Ihnen ähnlich?
- Finden Sie Möglichkeiten, wie Ihr Kind die aggressive Energie herauslassen kann: durch Sport, Schneeschaufeln, Wände streichen usw.
- Stärken Sie das Selbstvertrauen Ihres Kindes (trauen Sie ihm oder ihr etwas zu, geben Sie Mitsprachemöglichkeiten, lassen Sie die Kinder mit anpacken).
- Erkundigen Sie sich gemeinsam, ob es Gruppen für Kinder oder Jugendliche gibt (in Jugendzentren, kirchlichen Einrichtungen, Erziehungsstellen), die mit ähnlichen Themen zu tun haben.
- Ermutigen Sie Ihr Kind, Tagebuch zu führen oder Briefe zu schreiben. Briefe müssen nicht abgesandt werden, sie können auch zeremoniell verbrannt werden, um so – im Rauch – die aggressive Energie davonziehen zu sehen.

Wut entsteht auch aus dem Gefühl der Ohnmacht heraus. Und selten wird Kindern ihre Ohnmacht so klar vorgeführt wie bei einer ungewollten Trennung der Eltern. Bemühen Sie sich daher, Ihrem Kind ein Gefühl von „Macht" zu geben: Übertragen Sie ihm (altersgemäße) Verantwortung, lassen Sie es mitentscheiden, statt es herumzukommandieren, nehmen Sie es ernst! Wenn es trotz klarer Regeln Dinge tut, die es nicht darf, wenn es den kleinen Bruder zwickt oder Mutters Lieblingsbuch zerreißt, führen Sie ein Gespräch: „Ich sehe, dass du wütend bist, aber ich möchte nicht, dass du meine Sachen kaputt machst." Besprechen Sie mögliche Konsequenzen, wenn es wieder vorkommt. Solche Konsequenzen sollten keine Strafe sein (ein gedemütigtes Kind fühlt mehr, nicht weniger Aggression), sondern möglichst eine Folge, die sich aus dem Fehlverhalten ergibt: „Wenn du ein Buch kaputt machst, musst du es ersetzen." Kinder brauchen klare Regeln, allerdings ist die Trennungszeit keine günstige Zeit, um mit schweren Geschützen aufzuwarten und ein hartes Erziehungsprogramm durchzuziehen. Ihr Kind braucht vor allem Geborgenheit und Verständnis!

> **Die Wut entsteht aus Ohnmacht und Verzweiflung und kann nicht einfach „abgestellt" werden.**

Solidarisierung mit einem Elternteil und/oder Parentifizierung

In diesem Buch ist häufig vom „Loyalitätskonflikt" die Rede, den Kinder empfinden, wenn sie das Gefühl haben, dass sie sich für einen Elternteil entscheiden müssen oder dass sie Vater oder Mutter durch ihre Liebe zum jeweils anderen verletzen könnten. Manchmal treffen Kinder aber eine klare Entscheidung für die eine oder den anderen. Dies ist der Fall, wenn sie entweder tatsächlich schlechte Erfahrungen mit einem Elternteil gemacht haben oder aber wenn sie den Elternteil, für den sie sich entscheiden, als schutzbedürftig ansehen. Kinder haben einen ausgesprochenen Gerechtigkeitssinn und solidarisieren sich meist mit den Unterlegenen.

Es ist problematisch, wenn Kinder Verantwortung für einen Elternteil übernehmen. Dabei spricht man von Parentifizierung.

Von Parentifizierung spricht man, wenn Kinder sich nicht nur solidarisch verhalten, sondern Verantwortung übernehmen, für die sie eigentlich zu jung sind. Sie „kümmern" sich um Mutter oder Vater, da sie fürchten, dass er oder sie es sonst nicht schaffen würde. Der kleine Junge verspricht der Mutter, dass er jetzt der „Mann im Haus" sein wird, die Zwölfjährige zieht bei ihrem Vater ein und übernimmt die Führung des Haushaltes, eine Sechsjährige versteckt die leeren Weinflaschen, wenn es an der Tür klingelt, um das Alkoholproblem der Mutter zu vertuschen.

Solidarisierung und Parentifizierung sind immer aus der Situation heraus zu betrachten und zu verstehen. Eltern, auf deren Seite sich die Kinder geschlagen haben, sehen dies natürlich als logische und richtige Entscheidung ihrer Kinder an. Oft werden Kinder, die früh eine Art Schutzrolle für einen Elternteil einnehmen, später sehr verantwortungsbewusste und sozial eingestellte Menschen. Die Gefahr ist natürlich, dass sie einerseits einen Teil von sich selbst ablehnen und unterdrücken müssen (auf irgendeiner Ebene identifizieren sich Kinder nämlich immer mit ihren Eltern, egal, wie sie über sie denken). Wer die eigenen Gefühle einem anderen zuliebe kontrolliert und lenkt, lernt nicht, unabhängig zu denken und zu empfinden. Die andere Gefahr ist die, dass Kinder ein Stück unbeschwerte Kindheit verpassen und zu früh in die Erwachsenenrolle gedrängt werden. Manchmal wechseln Kinder im Jugend- oder frühen Erwachsenenalter auch plötzlich die Front, fühlen sich manipuliert und sehen den Elternteil, den sie so lange zu schützen sich bemüht waren, mit anderen, nämlich kritischen Augen.

Verlangen Sie keinesfalls eine Solidarisierung Ihres Kindes.

> **Was Sie tun können:**
> • Genießen Sie die Verbundenheit mit Ihrem Kind, aber machen Sie auch klar, dass Sie von ihm keine Solidarisierung verlangen! Die Liebe des Kindes genügt.
> • Freuen Sie sich über das Verantwortungsbewusstsein Ihres Kindes, aber fragen Sie sich auch, ob Verantwortung, die es übernimmt, altersgemäß und sinnvoll ist.
> • Übernehmen Sie die Verantwortung für Ihr Leben und Ihr Glück! Niemand ist für Sie verantwortlich, vor allem nicht Ihr Kind! Sagen Sie dies auch deutlich.
> • Sorgen Sie dafür, dass sich Ihr Kind auch an Dingen freuen kann, die seinem Alter entsprechen. Sorgen Sie für unbeschwerte Momente, in denen sich das Kind behütet und versorgt fühlen kann.

Psychosomatische Beschwerden

Psychosomatische Beschwerden sind Beschwerden, die seelischen Ursprungs sind, sich aber in körperlichen Symptomen äußern. Darunter fallen Schmerzen aller Art (Kopf-, Bauch-, Rückenschmerzen), Allergien, Migräne, Hautausschläge usw. Sie sollten ernst genommen und medizinisch untersucht werden. Es kann sich schließlich auch um ein Leiden handeln, das andere Ursachen hat! So brachte eine Mutter ihren Sohn über Monate immer wieder zum Arzt, weil es ihm schlecht ging, er abnahm und unter ständiger Müdigkeit litt. Die Ärzte sagten der Mutter, ihr Sohn sei mit der Trennung der Eltern nicht klargekommen und wolle nur nicht zur Schule. Am Ende stellte sich ein schlimmes Nervenleiden heraus, das sich das Kind durch einen Zeckenbiss zugezogen hatte.

Unterdrückte Gefühle können sich in Krankheiten äußern; manchmal erfährt das Kind dadurch vermehrte Aufmerksamkeit.

Psychosomatische und chronische Leiden setzen die Eltern unter Druck: Sie wollen alles tun, um ihrem Kind zu helfen, sie wollen aber nicht durch „Überbehütung" das Kind in seinem Leiden bestätigen. Vielleicht machen sie sich auch Sorgen, dass das Kind den eigenen Körper einsetzt, um sie zu manipulieren. Wenn das Kind die Erfahrung macht, dass es durch Probleme vermehrte Aufmerksamkeit der Eltern bekommt oder dass die Eltern sogar wieder miteinander reden und sich gemeinsam Sorgen machen, dann könnte es unbewusst weitere solcher Probleme produzieren. Allerdings ist Manipulation ein ziemlich harter Begriff für eine Handlung, die wahrer Not entspringt. Überlegen Sie gegebenenfalls, welche „Vorteile" Ihr Kind aus seinen Beschwerden zieht, und bemühen Sie sich, dem Kind Aufmerksamkeit zu schenken, wenn es keine Schmerzen oder Allergien hat.

Meistens allerdings haben Kinder psychosomatische Beschwerden einfach deshalb, weil sie ihre Gefühle nicht frei zulassen können. So kann unterdrückte Wut in Form von Bauchschmerzen wiederkehren, Trauer verursacht vielleicht Kopfschmerzen und Migräne entsteht, wenn man sich ohnmächtig fühlt. Überlegen Sie, was hinter dem jeweiligen Symptom stecken könnte.

Was Sie tun können:

- Nehmen Sie alle Symptome ernst und lassen Sie diese ärztlich begutachten.
- Überlegen Sie mit Ihren Kindern, was der Schmerz mitteilen will. Was würde er sagen, wenn er sprechen könnte?
- Lassen Sie Ihr Kind Buch führen über Stimmungen, Gefühle und Symptome, die es während des Tages hat. Werten Sie das Geschriebene nach einigen Tagen aus.
- Bemühen Sie sich, so konkret und direkt wie möglich zu sein und klare Grenzen zu ziehen, so dass Ihr Kind stets weiß, was es erwarten kann und was nicht.
- Helfen Sie Ihrem Kind, Gefühle sowie die eigenen Bedürfnisse zu erkennen und auszudrücken. Geben Sie reichlich von Ihrer Zeit und Aufmerksamkeit!
- Achten Sie auch auf eine ausgewogene und gesunde Ernährung sowie auf genügend Schlaf!
- Auch Sport, Entspannung, autogenes Training usw. können helfen!

Zwanghaftes Verhalten

Zwanghaftes Verhalten entsteht oft aus dem Bedürfnis heraus, etwas Tröstendes oder Beruhigendes zu tun. Zu Grunde liegt aber häufig auch magisches Denken, das ganz normal für Kinder ist. So denken Kinder etwa: „Wenn ich einen bestimmten Gedanken immer wieder denke, kommt Papa wieder zu uns zurück!" Manchmal entwickeln Kinder Rituale und Gewohnheiten, die etwas Beschwörendes haben und helfen sollen, die Welt zusammenzuhalten.

Was Sie tun können:
- Fragen Sie sich, welche magischen Gedanken Ihr Kind haben könnte. Sprechen Sie darüber und äußern Sie Verständnis für die Kraft des Wunsches: „Ja, das wäre toll, wenn man zaubern könnte!"
- Machen Sie klar, dass Ihr Kind viel bewirken kann, z. B. dass es Sie durch sein Dasein glücklich macht, dass es aber andererseits Dinge gibt, die es nicht be-einflussen kann.
- Haben Sie Verständnis für das Leiden Ihres Kindes. Es würde gerne, kann aber im Moment nicht anders! Vermeiden Sie Kritik, Spott oder Verächtlich-Machen.
- Zwänge lassen sich nicht über Nacht verbannen, man kann sie aber „runterfahren": Je länger das Kind dem Drang widersteht, umso mehr lässt der Drang nach! Sagen Sie Ihrem Kind, es soll fünf Minuten warten, bis es die Handlung durchführt. Während der Zeit machen Sie etwas Schönes, loben das Kind und erlauben dann die Handlung. Am nächsten Tag können es schon zehn Minuten sein usw.
- Machen Sie Entspannungsübungen mit Ihrem Kind (Yoga, autogenes Training, Meditation).

Magische Gedanken und Gewohnheiten sind ganz normal für Kinder. Das Stofftier, das nie vergessen werden darf, der Schnuller, die genaue Reihenfolge von Aktionen beim Zu-bettgehen, dies sind die Stützen, die eine Kindheit sicher und tröstlich machen. Besorgnis erregend werden wiederkehrende Gedanken und Handlungen erst, wenn sie ihre beruhigende Wirkung verlieren und zum Zwang werden, also wenn die handelnde Person keine Kontrolle mehr über sie hat. Sie werden übermächtig und diktieren, wie das Kind denkt und was es tut. Dabei leidet das Kind und würde gerne wieder „normal" sein, weiß aber nicht, wie das gehen soll. Solche Zwänge können Formeln, Sätze oder auch Unsinnswörter sein, die immer wieder gemurmelt oder gedacht werden. Oder aber das Kind wäscht sich häufig die Hände, muss alle fünf Minuten aufs Klo, führt Berührungen immer wieder in einer gleichen Reihenfolge aus und ist untröstlich, wenn die Ordnung gestört wird.

Gewohnheiten und Rituale machen für Kinder das Leben sicher; wenn sie allerdings zwanghaft werden, wird das Kind in seiner Entwicklung gehemmt.

Schulprobleme, auffälliges oder antisoziales Verhalten

Es sollte niemanden verwundern, wenn sich Kinder, die sich um ihre Familie und ihre Zukunft Sorgen machen und unter der Trennung von den Eltern leiden, nicht mehr so gut konzentrieren können und auch in der Schule Probleme haben. Noch schlimmer ist es für die Eltern, wenn ihre Kinder Dinge tun, die vollends aus dem akzeptablen Rahmen fallen: Sie zündeln, klauen, laufen von zu Hause weg, lassen sich mit „zwielichtigen" Gruppierungen ein, experimentieren mit Drogen oder mit Alkohol. All diese Signale, die Kinder in ihrer Not senden, bedeuten: „Hilfe, ich komme vom Weg ab. Meine Zukunft steht auf dem Spiel." Zumindest sehen Eltern dies so und versuchen dementsprechend, die Kinder zur Vernunft zu bringen: „Du machst doch dein ganzes Leben kaputt! Wenn du die Mittlere Reife nicht schaffst, kriegst du keine Lehrstelle. Mit einer Jugendstrafe ist alles aus."

Die ferne Zukunft ist jedoch für Jugendliche kein Thema, man kann ihnen die Wut auch nicht einfach ausreden. Gerade wenn es wirklich „brenzlig" wird, möchten Kinder sicher sein, dass die Eltern hinter ihnen stehen. Vermitteln Sie die Botschaft: „Ich liebe dich immer, aber was du tust, kann ich nicht gutheißen." Was viele Jugendliche am Ende rettet, ist die Liebe und der Glaube der Eltern.

Was Sie tun können:
- Nehmen Sie den Druck von Ihrem Kind. Schlimmstenfalls bekommt es eben schlechte Noten oder bleibt sitzen.
- Holen Sie sich Rat, wie Sie die Konzentration Ihres Kindes verbessern können (Entspannungsübungen, Konzentrationsspiele, Lernseminare usw.).
- Erklären Sie Ihrem Kind, welche Konsequenzen sein Verhalten haben kann, hören Sie aber auch zu, wie Ihr Kind seine oder Ihre Situation sieht.
- Setzen Sie Grenzen! Das ist oft leichter gesagt als getan und wird umso schwerer, je länger man damit wartet. Am besten gelingt es, wenn man sich selbst ganz klar darüber ist, was man tolerieren will und was nicht. Bemühen Sie sich, „Nein" nur dann zu sagen, wenn Sie es wirklich meinen, und dann auch durchzusetzen.
- Suchen Sie professionelle Hilfe.

Wie Kinder Gefühle bewältigen können

Um die Trennung zu bewältigen und zu verarbeiten, muss das Kind die eigenen Gefühle erkennen und zulassen. Kinder, die Langzeitfolgen von einer Trennung davontragen, haben oft diesen ersten Schritt nicht getan: Sie haben die eigenen Gefühle nicht verarbeitet.

Allerdings brauchen Kinder bei der Bewältigung Hilfe, denn wenn das Umfeld nicht einfühlsam reagiert, werden Gefühle unterdrückt und die Trauerarbeit kann nicht konstruktiv erfolgen. Doch Eltern können wichtige Hilfestellung geben.

Hilfreiche Gespräche

Sich den Kummer von der Seele reden – wer weiß nicht, wie gut das tut?

Zur Bewältigung und zunächst zum Erkennen von Gefühlen sind Gespräche das Wichtigste. Solche Gespräche dürfen keine Verhöre sein, sondern müssen ein freies Geben und Nehmen sein. Erzählen Sie auch von sich. Wenn Ihr Kind redet, hören Sie genau zu. Achten Sie dabei auf Ihre Körperhaltung, denn wenn Sie die Arme verschränken oder sich vom Kind weglehnen, wird es dies als Ablehnung interpretieren. Unterbrechen Sie das Kind nicht, aber fragen Sie gelegentlich nach: „Kannst du mir mehr dazu sagen? Wie geht es dir dann? Habe ich dich richtig verstanden, dass du dich … fühlst?" Stellen Sie sich vor, wie verängstigend es für ein Kind sein muss, wenn es voller Gefühle steckt, die es zu überwältigen drohen. Erwachsene können sich dann anbieten als Bewahrer und Versorger dieser Gefühle, als – bildlich gesprochen – Gefäße, die überfließende Empfindungen auffangen. Wenn Ihr Kind diese Metapher auch nicht versteht, wird es doch auf Ihre Bereitschaft, Gefühle abzunehmen und zu teilen, dankbar reagieren.

Spiegeln

Eine gute Methode, um zu vermitteln, wie gut man zuhört, ist das so genannte „Spiegeln". Vielleicht tun Sie das ja schon ganz unbewusst. Beim Spiegeln gibt man das, was der Sprechende sagt, mit eigenen Worten zurück. Stellen Sie sich vor, Ihre Tochter wirft Ihnen vor: „Ich habe dir das doch schon hundert Mal gesagt, warum merkst du es dir denn nicht?" Wenn Sie die Anschuldigung bestreiten oder stattdessen Ihrer Tochter die Schuld geben, kommt es zu einem Schlagabtausch oder Streit, und es geht nur noch darum, wer nun Recht hat. Wenn Sie aber Ihr Augenmerk darauf richten, welches Gefühl Ihre Tochter ausdrücken möchte, können Sie Ihre Vermutung äußern, das heißt Sie „spiegeln": „Es nervt dich, dass ich das immer wieder vergesse!"

Beim Spiegeln kommt es darauf an, dass Sie keine weiteren Ziele verfolgen, als wirklich das Gefühl des Sprechers zu verstehen. Voreingenommenheit oder Skepsis zerstören das Vertrauensgleichgewicht. Wenn es aber gelingt, wirkliches Interesse an den Gefühlen der anderen Person aufzubringen, ist

Beispiele für Antworten, die „spiegeln" und somit ein Gespräch ermöglichen:

Äußerung des Kindes	Mögliche Antwort
„Ich möchte, dass Papa wiederkommt."	„Du vermisst ihn sehr, nicht wahr?"
„Warum holst du mich immer erst so spät aus dem Hort ab? Ich bin fast immer die Letzte!"	„Das muss ja ein doofes Gefühl sein, wenn du am Ende ganz allein zurückbleibst!"
„Früher war hier immer was los. Jetzt ist alles so langweilig."	„Die Umstellung fällt dir nicht leicht, was?"
„Ich hasse mein Leben!"	„Mensch, du hörst dich ja richtig verzweifelt an ..."

das Spiegeln ein hervorragender Weg, um ins Gespräch zu kommen und sogar Menschen dazu zu bringen, ihre Aggressivität oder Verschlossenheit zu überwinden.

Keine vorschnellen Ratschläge

Greifen Sie die Antworten Ihres Kindes auf, statt sie gleich zurückzuweisen oder dagegen zu argumentieren.

Vielleicht wären Sie bei einigen der obigen Beispiele versucht, einen Rat zu geben. Damit aber ein Rat wirklich ankommt, muss die Bereitschaft da sein, Rat zu hören. Deshalb sollten Sie Ihrem Kind nur Vorschläge machen, wenn es darum bittet. Zum einen will Ihr Kind zunächst nicht mehr, als verstanden zu werden. Stellen Sie sich als Beispiel einmal vor, dass Sie Ihrer Freundin erzählen, Sie hätten mit Entsetzen fünf Kilo mehr auf der Waage feststellen müssen. Darauf sagt die Freundin: „Du musst einfach jeden Morgen eine halbe Stunde joggen, dann sind die fünf Kilo schnell wieder weg." Das mag zwar richtig sein, aber in den allermeisten Fällen geht es halt doch nicht so einfach und vor allem werden Sie den Rat nicht sofort befolgen, bloß weil Ihnen das jemand gesagt hat. Sie müssen es selber wollen! Oder Sie erzählen Ihrem Nachbarn, dass Ihr Auto scheppert, und der antwortet: „Das ist bestimmt der Auspuff, mir ist das auch passiert!" Vielleicht ist es ja aber in Ihrem Fall etwas ganz anderes!

Ein anderer Grund, warum Kinder meist mit Rückzug auf Ratschläge reagieren, ist der, dass sie – oft zu Recht! – vermuten, dass sich hinter den Ratschlägen der Eltern Ratlosigkeit verbirgt. Eltern wollen ihren Kindern nämlich vor allem möglichst schnell helfen, koste es, was es wolle. Sie vergessen dabei aber, dass viele Dinge nicht schnell gelöst werden können. Vor allem Gefühle sind keine Probleme, für die es Lösungen gibt! Ein Gefühl wie z. B. Trauer muss durchlebt werden und braucht seine Zeit.

> Vermitteln Sie Ihrem Kind, dass es ruhig traurig oder wütend sein kann und dass Sie es nicht dazu drängen, möglichst schnell wieder „normal" zu werden.

Gefühle benennen lernen

Um das Gefühls-ABC Ihrer Kinder zu vergrößern, benützen Sie möglichst viele Wörter, die mit Gefühlen zu tun haben: geschafft, verzweifelt, frustriert, enttäuscht, trotzig, optimistisch, sehnsüchtig, neidisch, lebensbejahend, irritiert, verletzt, betroffen usw. Lesen Sie kleinen Kindern entsprechende Bücher vor und diskutieren Sie oft über Gefühle.

Gehen Sie selbst offen mit Ihren Gefühlen um. Geben Sie zu, wenn Sie traurig sind, zeigen Sie Ihre Tränen und lassen Sie Ihr Kind auch wissen, dass Sie sich von anderen – seien es Freunde oder professionelle Berater – Hilfe holen.

Bringen Sie Ihren Kindern bei, wie man Empfindungen möglichst genau benennen kann, und sprechen Sie viel über Gefühle.

Bemühen Sie sich auch, Ihrem Kind dabei zu helfen, das Geschehene in einem größeren Zusammenhang zu sehen. Traumatisierte Menschen leiden oft darunter, dass sich gewisse Gedanken und Erinnerungen immer wieder vordrängen. Dann hilft es dem oder der Betroffenen, die einzelnen gedanklichen Bruchstücke zu einem Ganzen zusammenzufügen. Man spricht von der „Integration" des Traumas, was nichts anderes bedeutet, als dass traumatisierte Menschen lernen, das Geschehen als Teil der eigenen Geschichte zu akzeptieren mit allen Konsequenzen, ohne es aber überzubewerten. Kinder haben oft Schwierigkeiten, Zusammenhänge oder auch zeitliche Abfolgen zu begreifen. Was immer Eltern tun können, um das Verständnis für Kausalität und das Zeitgefühl zu unterstützen, ist in diesem Zusammenhang sehr hilfreich.

Selbstbewusstsein stärken

Loben Sie Ihr Kind für seine Bemühungen, die Situation zu bewältigen.

Ein weiterer wichtiger Aspekt der Selbsterfahrung, die bei der Bewältigung von schwierigen Lebenssituationen hilft, ist das Selbstbewusstsein. Je selbstsicherer und stärker sich Ihr Kind fühlt, umso besser wird es mit Widrigkeiten zurechtkommen. Überlegen Sie einmal, welche Stärken Ihr Kind hat. Ist es kräftig, willensstark, ehrlich, intelligent? Verfügt es über Humor, Herz, Kreativität, Ehrlichkeit? Hat es Talente, einen Sinn für Freundschaft oder für Tiere und Natur? Verschaffen Sie Ihrem Kind Gelegenheiten, seine Stärken erfolgreich einzusetzen und eventuell auch anderen zu helfen. Sie stärken das Selbstbewusstsein Ihres Kindes aber auch, wenn Sie seine Anstrengung bemerken und kommentieren. Jedes Kind bemüht sich unzählige Male an jedem Tag, etwas richtig zu machen oder Erwartungen zu erfüllen. Ganz egal, wie erfolgreich es damit ist, verdient der gute Wille Beachtung und Lob! Nehmen Sie nichts für gegeben und machen Sie sich einmal klar, wie viel Ihr Kind weiß, kann und tut! Sprechen Sie Anerkennung aus!

Was Sie tun können:

- Hören Sie zu, ohne vorschnelle Ratschläge zu geben. „Spiegeln" Sie und signalisieren Sie durch Ihre Körpersprache Offenheit und Verständnis!

- Vermitteln Sie Ihrem Kind das Gefühl, dass Sie es akzeptieren, auch wenn es „ganz unten" ist oder wenn Sie seine Gefühle nicht nachvollziehen können.

- Benutzen Sie möglichst viele Wörter, die Gefühle ausdrücken.

- Helfen Sie Ihrem Kind, fehlende Zusammenhänge zu verstehen und ein stimmiges Weltbild zu entwickeln, in dem Platz für traurige Ereignisse ist, das aber grundsätzlich sinnvoll und gut ist.

- Helfen Sie dem Kind, Kausalität und Zeit zu verstehen: Basteln Sie einen Kalender, in der die Zeit bis zum nächsten Besuchskontakt abgezählt wird, machen Sie Spiele, in der Kinder zu einem „Wenn …-Satz" einen „Dann …"-Satz anfügen müssen.

- Erarbeiten Sie mit Ihrem Kind eine Liste von positiven Eigenschaften, Fähigkeiten und Talenten.

- Erinnern Sie Ihr Kind an vergangene Krisen, die es gemeistert hat.

- Überlegen Sie auch, welche Hilfen von außen dazukommen können: Gibt es gute Freunde, Verwandte, schulische Erfolge, sportliche Aktivitäten, die ausgleichend wirken können?

- Seien Sie zuversichtlich, dass Ihr Kind und Sie selbst auch wieder bessere Zeiten sehen werden. Diese Zuversicht wird sich auf das Kind übertragen.

Kreative Bewältigungsmechanismen

Manchmal sitzen die Gefühle von Scham, Wut oder Verzweiflung so tief, dass man sie durch Worte gar nicht ausdrücken kann. Dann müssen andere Wege gefunden werden, wie Kinder ihre Gefühle äußern können.

Je nach Alter sollten Kinder die Möglichkeit haben, ihre Gefühle durch Malen, Schreiben oder Spielen auszuleben. Dabei können Gefühle ausgedrückt werden, die dem Kind oftmals gar nicht bewusst sind. So können Kinder, die den Anschein erwecken, sie hätten alles unter Kontrolle und es gehe ihnen gut, Bilder malen, die für den Erwachsenen erschreckend und irritierend sind. Oder im Spiel zeigen sie eine Aggressivität, die ungewohnt ist. Die Erwachsenen sollten dann keine vorschnellen Schlüsse ziehen. Fragen Sie lieber behutsam nach: „Ich finde das Bild ziemlich düster, ich habe fast ein bisschen Angst. Kannst du mir erklären, was du da gemalt hast?" Hören Sie zu, und wenn Sie auf Gefühle oder Ängste stoßen, bieten Sie ein Gespräch an: „Wenn du den bösen Räuber spielst, habe ich das Gefühl, du hast richtige Wut im Bauch. Ist der Räuber so wütend?"

Im Spiel und im künstlerischen Gestalten können Kinder unverarbeitete Gefühle ganz frei ausdrücken — manchmal auch erschreckend für die Eltern.

Wenn Ihr Kind zwar spielt oder malt, dabei aber keine Erleichterung zu erfahren scheint, steckt es womöglich im Trauma fest. Manche Kinder inszenieren ihr Trauma immer wieder, kriegen es aber nicht richtig in den Griff, so dass sie die gleichen Szenen oder Bilder immer aufs Neue wiederholen. Dann braucht das Kind einfühlsame Begleitung. Setzen Sie sich dazu und regen Sie es an, die Gefühle, die im Spiel oder Bild stecken, zu benennen. Bleiben Sie ruhig und ge-

fasst, bieten Sie Trost und Verständnis an und schlagen Sie vor, gemeinsam ein Ende des Spieles oder Bildes zu finden. Ziel ist es, dem Kind die Erfahrung zu ermöglichen, dass es vor bestimmten Gefühlen nicht fortlaufen muss und dass es nicht ohnmächtig ausgeliefert ist. Gemeinsam fallen Ihnen vielleicht Lösungen ein, wie das Spiel doch noch zu einem guten Ende kommt. Ist aber gar keine Erlösung in Sicht, dann helfen Sie Ihrem Kind, das Spiel abzubrechen oder das Bild fortzulegen.

Erzählungen und Märchen

Ein anderer Weg, an die Gefühle heranzukommen, ohne direkt über sie zu reden, sind Erzählungen und Märchen. So könnte man einem Kind, das sich sehr bemüht, „gut" zu sein, um einen niedergeschlagenen Elternteil zu „heilen", ein Märchen von dem Marienkäfer erzählen, der sich mit einer kleinen Raupe angefreundet hat. Sie haben beide viel Spaß zusammen, bis die Raupe eines Tages in einer seidenen Haut verschwindet und sich nicht mehr regt. Der Marienkäfer strengt sich sehr an, seine Freundin ins Leben zurückzuholen. Er ermahnt sie, bittet, fleht, holt Wasser, holt Essen. Schließlich erfährt er von einer besonderen Blume, deren Nektar alle Krankheiten heilt. Unter großen Strapazen und nach vielen Abenteuern, die Sie entsprechend ausschmücken können, findet der Marienkäfer den Nektar. Doch als er damit zur Raupe zurückkehrt, ist diese verschwunden. Stattdessen sitzt ein schöner, blauer Schmetterling auf dem Zweig und sagt: „Vielen Dank, lieber Freund, dass du mir helfen wolltest, aber du hättest warten sollen! Wie du siehst, konnte ich mich ganz allein befreien, und sieh, wie schön ich geworden bin!"

Symbolisch können Gefühle und Bemühungen des Kindes in Geschichten thematisiert werden.

In Märchen wird die Botschaft auf einer symbolischen Ebene vermittelt, ohne dass das Kind damit überfordert wird. Wie Sie selbst Märchen erfinden können mit dem Ziel, Ihrem Kind bei der Bewältigung von konkreten Gefühlen oder Problemen zu helfen, können Sie in dem Buch „Märchen helfen Scheidungskindern" von Birgit Spangenberg nachlesen, das auch einige von der Autorin selbst erfundene Märchen enthält (siehe S. 127).

Gefühle sind nicht nur luftige Phänomene im Kopf, sondern sie haben auch eine ganz konkrete physische Dimension. Bester Beweis ist die Vielzahl von psychosomatischen Erkrankungen, die alle in Gefühlen ihre Quelle haben und

Was Sie tun können:
- Spielen Sie mit Ihren Kindern!
- Bieten Sie geeignete Spielmaterialien an: Puppen, Stofftiere, Kasperlefiguren, Malsachen usw.
- Musizieren oder singen Sie gemeinsam! Erlauben Sie Ihrem Kind die lange ersehnte Gitarre, melden Sie es zum Musikunterricht an.
- Sport, Entspannung, autogenes Training, progressive Muskelentspannung usw. erleichtern ebenfalls die Verarbeitung von Traumata.
- Ermöglichen Sie Momente, in denen Ihr Kind frei lachen kann. Sehen Sie lustige Filme, albern Sie herum, machen Sie witzige Spiele.
- Ermutigen Sie Ihr Kind, die momentane Situation „festzuhalten". Es kann seine Gefühle in Tagebuchform niederschreiben oder eine Mappe mit Bildern anlegen und so später einmal eine Erinnerung an die schwere Zeit haben.
- Schreibt Ihr Kind gerne? Wünschen Sie sich doch zum nächsten Festtag ein Buch mit einer spannenden Geschichte.
- Lesen Sie Märchen vor, erfinden Sie selber welche oder ermutigen Sie Ihr Kind, sich selbst Märchen auszudenken.

doch in körperlichen Störungen enden. Fragen Sie einmal, wo genau die Gefühle in Ihren Kindern sitzen. Lassen Sie die Kinder ein Bild von sich malen (nehmen Sie eine Tapetenrolle, lassen Sie Ihr Kind sich darauf legen und zeichnen Sie den

Umriss seines Körpers nach). Dann soll Ihr Kind seine Gefühle dort hinschreiben, wo sie sitzen: die Wut im Bauch, die Angst im Hals usw. Kleine Kinder können die Gefühle durch Farben malen: Die Wut ist vielleicht rot, die Angst blau …

Was Kinder tun können, um anderen zu helfen:
- Während des Winters im Park oder im Garten Futterstellen für wilde Tiere einrichten.
- Spielzeuge oder Kleidungsstücke spenden.
- Verantwortung für ein Haustier oder auch eine Pflanze übernehmen.
- Die Patenschaft für ein Kind in der Dritten Welt übernehmen.
- An einer Sammelaktion für einen humanitären Zweck teilnehmen oder selbst eine Aktion organisieren.
- Geld spenden.
- Sich für einen guten Zweck engagieren und Briefe an Politiker, Zeitungen oder die Industrie schreiben.
- Sich im Internet oder im Rathaus erkundigen, wie man sich für benachteiligte Gruppen einsetzen kann.
- Jüngeren Kindern helfen (im Sportverein, bei der Hausaufgabenbetreuung, auf dem Schulhof).
- Mit anderen eine kulturelle Veranstaltung in einem Altenheim oder während eines interkulturellen Festivals planen.
- Bei einer Aktion mitmachen, den Park zu säubern, Blätter einzusammeln, die Stadt zu verschönern, Graffiti von Wänden zu putzen …
- Grußkarten basteln oder schreiben und andere Menschen (Bekannte oder Fremde) damit erfreuen.

Bei besonders beschämenden oder beängstigenden Gefühlen bietet sich ein magisches Experiment an. Bitten Sie Ihr Kind, ein bestimmtes Wort, das Scham, Entsetzen, Angst oder Wut auslöst – in Ihrem Fall vielleicht Scheidung, Trennung oder auch Flugzeug, Schule, Hund –, aufzuschreiben. Dann kündigen Sie an, dass Sie „Wortmagie" anwenden wollen. Tun Sie nun möglichst viele unerwartete, lustige Dinge mit diesem Wort: Ihr Kind soll es in leuchtend bunten Farben aufschreiben, ganz klein, dann wieder ganz groß. Denken Sie sich witzige Geschichten dazu aus, lassen Sie Ihr Kind das Wort rufen, flüstern und singen. Nach einer Weile sucht sich Ihr Kind denjenigen Ansatz aus, der am meisten Spaß gemacht hat: So soll es sich das Wort von jetzt an merken!

Sich ausdrücken, aktiv werden, in körperlicher Bewegung oder gestalterischem Tun – das ist ein wichtiger Schritt, aus der Trauer allmählich herauszufinden.

Mögliche kreative Ansätze, um ein Trauma zu überwinden:

- Spiele (incl. Rollenspiele),
- Märchen, Metaphern, eine symbolische Erklärung finden,
- Bewegung, Sport,
- das Trauma in einer Erzählung fantasievoll verarbeiten (sich andere Lösungen ausdenken),
- Entspannung (Atemübungen, Visualisierung, Entspannungsgeschichten, progressive Muskelentspannung usw.),
- Schreiben (Tagebuch, Geschichten, das eigene Leben, Gedichte, Briefe …),
- Musik (hören, machen, zusammenstellen …),
- Malen, Basteln,
- Wortmagie,
- Projekte, Pläne.

Abschiedsrituale

Rituale sind hervorragend geeignet, um bei der Bewältigung von Gefühlen zu helfen. Bei Scheidungen und Trennungen geht es immer auch um Abschied. Gleichzeitig ist eine Trennung häufig auch mit der Hoffnung verbunden, dass das, was schwierig und schlimm war, nun zu Ende geht. Eine bessere Zeit soll kommen. Eltern im Scheidungsprozess sind meist voll von negativen Erfahrungen und Eindrücken, so dass der Eindruck entsteht, die vergangenen Jahre waren einfach nur schrecklich.

Das Kind muss wissen: Die gemeinsam erlebten Jahre als Familie sind ein Teil von mir und das ist gut so.

Doch selbst, wenn die Kinder auch entsetzlich gelitten haben oder sogar „durch die Hölle" gingen, lohnt es, innezuhalten und zu überlegen, was positiv war an der zurückliegenden Zeit. Es geht schließlich um eine Zeit, die sich mit der Kindheit Ihres Kindes deckt. Wenn die vergangenen Jahre für die Eltern nur Horror waren, dann muss das Kind daraus schließen, dass es selbst ein Teil dieses Horrors war. Machen Sie Ihrem Kind klar, wie viel Glück Sie trotz aller Widrigkeiten in den vergangenen Jahren empfunden haben, und sei es nur, weil es ganz einfach „da" war. Natürlich sollen Sie ruhig zugeben, dass Sie oft unglücklich darüber waren, wie manche Dinge liefen, aber Ihr Kind soll wissen, dass es auch schöne Momente für Sie gab. Vielleicht hilft es Ihnen selbst auch, wenn Sie die Jahre vor der Trennung Revue passieren lassen und sich an die guten Momente erinnern. Indem Sie „differenzieren", sind Sie gleichzeitig Ihrem Kind ein großes Vorbild. Denn Kinder müssen lernen, dass das Gute und das Schlechte manchmal Hand in Hand gehen. Wer nicht differenzieren kann, wer also nur schwarz und weiß sieht, ohne

Teilen Sie Ihre guten Erinnerungen an die gemeinsame Zeit:
- Erinnern Sie sich gemeinsam an die Zeit, in der die Familie noch zusammen war.
- Schauen Sie gemeinsam alte Fotos an. Ordnen Sie herumliegende Fotos in einem Album – oder übertragen Sie diese Aufgabe Ihrem Kind.
- Schreiben Sie ein Buch mit den schönsten Erinnerungen, kleben Sie Postkarten, Eintrittskarten oder Andenken ein.
- Andere mögliche Projekte, die Sie gemeinsam oder die Ihr Kind allein machen kann: ein Familienvideo aus alten Filmaufnahmen, eine Musikkassette oder CD mit den Liedern, die in der Familie wichtig waren, ein selbst gemaltes Bilderbuch über den Werdegang der Familie.

die dazwischen liegenden Schattierungen, der wird es als Erwachsener schwer haben. Menschen mit Wahrnehmungs- oder Persönlichkeitsstörungen beurteilen ihre Umwelt oft ohne jede Fähigkeit zur Differenzierung: Dinge und Personen werden entweder hochgejubelt oder verdammt. Es ist ein Zeichen von mentaler Gesundheit, wenn man in seiner Wut oder Enttäuschung dennoch die guten Erinnerungen bestehen lassen kann.

Ziel dieser Erinnerungen ist es, dem Kind zu vermitteln:
- Ich muss meine guten Erinnerungen nicht aufgeben.
- Ich bin wertvoll und meine Eltern empfinden mich als Geschenk.

- Es liegt in meiner Macht, Glück zu geben.
- Meine Eltern erinnern sich gern an die Zeit, als ich klein war.
- Es gibt nicht nur „schwarz und weiß". Manche Dinge können „sowohl als auch" sein.

Was Kindern hilft:
- Eine Zeitkapsel in die neue Zeit mit hinübernehmen. In eine solche Kapsel (Dose, Schachte) können Dinge gepackt werden, die besonders wichtig waren. Das Gefühl, etwas von früher ist bei uns, kann trösten.
- Tagebuch führen oder Briefe schreiben. Durch das Schreiben werden Gefühle klarer, das Kind befreit sich von etwas und kann das Geschriebene aufbewahren, um es immer wieder zu lesen. Natürlich kann es auch den Eltern zeigen, was es geschrieben hat. Dann darf aber nicht kritisiert werden, denn Gefühle sind einfach da, man kann sie nicht korrigieren.
- Ihr Kind könnte auch eine Musikkassette mit seinen Lieblingsliedern aufnehmen, wenn die Eltern solche Musik auch ein bisschen gut finden.
- Man kann den Abschied auch symbolisch gestalten durch Papierschiffchen, die auf Reisen geschickt werden, Luftballons, die fliegen gelassen werden, Bäume, die gepflanzt werden.

Eine realistische Sicht der Dinge, die sowohl die positiven als auch die negativen Aspekte berücksichtigt, macht es letztlich leichter, Abschied zu nehmen. Abschied zu nehmen ist ein wesentlicher Teil jeder „Trauerarbeit". Etwas geht vorbei, eine Zeit, ein Traum, eine Lebenserwartung, möglicherweise verschwindet sogar eine Person teilweise oder ganz aus dem Leben. Sie und Ihr Kind müssen Abschied nehmen von der Zeit vor der Trennung und von dem Familienverständnis, das Sie so lange begleitet hat. Ohne Abschied wird es schwer fallen, sich auf Neues einzulassen.

Aber auch der Elternteil, der in Zukunft nicht mehr täglich beim Kind ist, möchte vielleicht ein Abschiedsritual gestalten. Daraus könnte sich ein Abschiedsgeschenk entwickeln, das dem Kind hilft, Vater oder Mutter immer bei sich zu fühlen.

Abschiedsgeschenke
- Ein selbst entworfenes oder geschriebenes Buch über die gemeinsame Beziehung.
- Eine selbst besprochene Kassette, die das Kind immer wieder hören kann. Darauf können Geschichten erzählt oder Lieblingsbücher vorgelesen werden.
- Der Elternteil, der in Zukunft nicht mehr den festen Wohnsitz mit dem Kind teilen wird, kann zu einer gemeinsamen Abschiedsreise einladen. Womöglich entwickelt sich daraus bereits der Beginn von etwas Neuem, wenn sich nämlich diese Reise in Zukunft wiederholen wird.
- Ein Buch, Video oder eine CD, etwas, das einem selbst wichtig ist.
- Etwas von einem selbst, ein Schmuck- oder Kleidungsstück.

Bei einem Abschiedsritual dürfen auch Tränen fließen! Das
Besondere an diesen Ritualen ist gerade, dass sie Gefühle wie
Trauer oder Sehnsucht im Moment ganz intensiv werden lassen. Doch auf lange Sicht gesehen hilft dies bei der Verarbeitung der Gefühle.

Was wirklich geholfen hat

*Als ich älter wurde (8 Jahre) habe ich Zuneigung zu Pferden
entwickelt und angefangen zu reiten. Immer wenn ich bei
den Pferden bin (auch noch heute), fühle ich mich sehr wohl.*
Franziska, 15 Jahre

*Mein Opa und meine Oma väterlicherseits. Und meine
Freundinnen.* *Simone, 42 Jahre*

*Die Veränderung war definitiv gut für mich. Es gab einen
Schulwechsel, einen neuen Freundeskreis.*
Kilian, 22 Jahre (9 Jahre bei der Trennung)

*Nachdem ich meinen Vater 15 Jahre lang nicht gesehen hat-
te, traf ich ihn wieder. Wir hatten eine Aussprache, in der
mein Vater Schuld auf sich genommen und vieles bereut hat,
vor allem seine Absage, leiblicher und sozialer Vater für
mich zu sein. Wir haben uns versöhnt. Wir haben uns am
Schluss geliebt und geachtet.*
Bettina, 37 Jahre (12 Jahre bei der Scheidung)

Die Trennung

Ein Kind sollte seinem Alter gemäß auf die Trennung vorbereitet werden. Dabei will und muss es nicht wissen, was sich im Einzelnen zwischen den Eltern abspielt, sondern was sich für es selbst ganz konkret verändern wird. Und es muss, wenn irgend möglich, die Gewissheit haben: Beide haben mich weiterhin lieb und werden sich um mich kümmern.

Sehr wünschenswert ist es, dass die Eltern dabei „an einem Strang" ziehen, Respekt voreinander zeigen und dem Kind damit Sicherheit und das Gefühl, dass sein Leben trotz aller Veränderung in geordneten Bahnen weiterlaufen wird, vermitteln.

Wie bereite ich mein Kind auf das Unvermeidliche vor?

Ein Kind sollte in Gesprächen langsam an die Veränderung herangeführt werden, keinesfalls darf es sich überrumpelt fühlen.

Die meisten Kinder ahnen schon lange, dass etwas nicht stimmt. Die Sorge und Ungewissheit können schlimmer sein als klare Verhältnisse. Stellen Sie sich vor, welche möglichen und unmöglichen Szenarien sich ein Kind ausmalt, das viel ahnt, aber nichts Genaues weiß! Daher sollten Kinder so bald wie möglich einige Erklärungen erhalten. Außerdem haben überrumpelte Kinder sehr viel größere Probleme, die eigentliche Trennung zu verarbeiten als Kinder, die einfühlsam vorbereitet wurden. Schwer ist es auch für Kinder, wenn sie erst dann über anstehende Veränderungen informiert werden, wenn die tatsächliche Trennung bereits erfolgt, wenn also ein Elternteil mit gepackten Koffern Abschied nimmt. Gar nicht zu reden von der Situation, wenn es gar keinen Abschied gibt! Dann muss das Kind denken, der Elternteil, der plötzlich fort ist, liebte es nicht genug oder war sogar böse auf es. Natürlich gibt es Ausnahmen, wenn etwa Frauen heimlich ihre Kinder packen und ins Frauenhaus gehen, um einem gewalttätigen Lebensgefährten zu entkommen. Doch in den meisten Fällen gilt:

> Geben Sie Ihrem Kind die Gelegenheit, das Ganze erst einmal zu verarbeiten – erklären Sie, was sich abspielt, gehen Sie auf die Sorgen des Kindes ein und geben Sie einen Ausblick auf die Zukunft!

Was Sie dem Kind sagen, hängt natürlich von der Situation und vom Alter des Kindes ab. Bedenken Sie auf jeden Fall:

Dem Kind sind andere Dinge wichtig als Erwachsenen! Viele Informationen, die einem Erwachsenen helfen würden, seine Situation zu verstehen, interessieren Kinder gar nicht! Ob die Eltern verheiratet sind, ob sie sich unausgefüllt fühlen, ob sie sich gegenseitig Vorwürfe machen, das müssen kleine Kinder nicht wissen. Was Kinder wissen wollen und wissen müssen, sind Dinge, die sie direkt angehen:

• Welche Veränderungen stehen bevor?
• Wer wird sich um mich kümmern?
• Wie wird der Tag (die Woche) aussehen?
• Wo werden wir wohnen?
• Was wird so bleiben wie bisher?
• Habt ihr mich noch lieb?

Im Schulalter beginnen Kinder langsam, auch abstraktere Dinge zu verstehen und etwas von ihrer egozentrischen Weltsicht abzurücken. Falls sie mehr wissen wollen, werden sie fragen! Doch selbst, wenn sie fragen: „Warum habt ihr euch nicht mehr lieb?", wollen sie wahrscheinlich keine Einführung in Ihre Eheprobleme, sondern nur wissen, ob sie selbst Angst haben müssen, bald nicht mehr geliebt zu werden. Versuchen Sie ein Gespür dafür zu entwickeln, was Ihre Kinder wirklich wissen wollen.

Kinder interessiert vor allem, was sich für sie ändern wird und ob sie weiterhin von den Eltern geliebt werden.

Am besten ist es, wenn beide Elternteile die gleiche Botschaft vermitteln: Wir werden uns als Paar trennen, aber wir bleiben als Eltern für dich da! Es verwirrt sehr, wenn Kinder verschiedene Erklärungen bekommen. Sprechen Sie sich daher, wenn irgend möglich, vorher mit Ihrem Partner oder Ihrer Partnerin ab.

Besprechen Sie folgende Punkte, um eine gemeinsame Erklärungsgrundlage zu haben:

- Ist die Trennung endgültig oder erst einmal auf Zeit? (Wenn auf Zeit, wie lange genau?)
- Wenn erst mal nur eine Trennung von „Tisch und Bett" vereinbart ist, wie wollen wir das den Kindern erklären?
- Welche Entscheidungen stehen noch aus? Wann und wie werden diese Dinge entschieden werden?
- Wer ist fortan wofür verantwortlich? (Viele Kinder sind verunsichert, wenn sie nicht mehr genau wissen, wer „zuständig" ist. Sie brauchen klare Strukturen.)
- Können wir uns auf Grundprinzipien einigen? (Zum Beispiel, dass wir uns nicht vor dem Kind schlecht machen, dass wir ihm versichern, dass wir beide es lieben usw.)
- Was wird sich für das Kind nicht ändern?

Beide Eltern sollten dem Kind die gleichen Erklärungen geben und zeigen, dass sie weiterhin zum Kind stehen.

Der gemeinsame Ansatz verhindert, dass Kinder von den Eltern unterschiedliche Dinge hören und dadurch verunsichert werden, nicht wissen, wem sie glauben sollen oder sich unter Druck gesetzt fühlen, sich auf eine Seite zu schlagen. Auch das erste Gespräch sollte, wenn möglich, gemeinsam geführt werden. (Wenn Sie bereits jetzt absehen können, dass Ihr Partner oder Ihre Partnerin sich nicht daran beteiligen wird, es dem Kind „leicht" zu machen, verzweifeln Sie nicht, Sie können auch allein eine Menge erreichen!)

Wenn Sie Angst vor einem Gespräch haben oder nur schwer Zugang zu Ihrem vielleicht älteren Kind finden, bitten Sie andere Erwachsene, denen Ihr Kind vertraut, darum, an dem Gespräch teilzunehmen. Kinder werden sich ohnehin Ge-

Einige Grundregeln für das erste Gespräch:

- Nehmen Sie sich Zeit für das Gespräch. Versuchen Sie, emotional gefasst, ruhig und sicher zu wirken.
- Benutzen Sie angemessene, kindgerechte Worte.
- Sie müssen nicht die ganze Wahrheit sagen, aber was Sie sagen, soll wahr sein. Täuschen Sie nichts vor, machen Sie keine falschen Versprechungen!
- Vermeiden Sie Schuldzuweisungen, machen Sie den anderen Elternteil nicht schlecht.
- Geben Sie keine intimen Informationen, die das Kind überfordern. Weder soll noch will ihr Kind – ganz egal wie alt – Einzelheiten über Ihr Sexualleben erfahren.
- Bewerten Sie die Gefühle Ihrer Kinder nicht und geben Sie auch keine vorschnellen Ratschläge. Hören Sie einfach nur zu („So fühlst du dich also!").
- Wenn Ihre Entscheidung unumstößlich ist, dann machen Sie dies klar. Ihr Kind soll als Familienmitglied so viel Mitspracherecht wie möglich haben, aber eine Entscheidung zwischen einem Paar kann nur von den Partnern selbst getroffen werden.
- Ziel des Gespräches ist es, das Kind auf die Veränderungen, die bevorstehen, vorzubereiten und Sicherheit darüber zu geben, was bleiben wird.
- Wenn Kinder das Thema wechseln, haben sie erst einmal genug gehört. Beenden Sie dann das Gespräch!
- Am besten planen Sie für die unmittelbare Zukunft ein weiteres Gespräch oder eine gemeinsame Aktivität.
- Drücken Sie Ihren guten Willen aus, trotz aller Verletzungen und Schwierigkeiten eine Lösung zu finden.

Zeigen Sie Ihrem Kind auch Möglichkeiten auf, mit Außenstehenden über die Situation und seine Gefühle zu sprechen.

sprächspartner suchen, mit denen sie ihre Lage besprechen. Ermutigen Sie Ihr Kind ruhig dazu; eine Verpflichtung zum Stillschweigen, etwa um Familiengeheimnisse oder den Schein zu wahren, ist immer eine Belastung für Kinder. Leider sind gleichaltrige Freunde des Kindes oft überfordert. Deswegen ist es wichtig, dass auch erwachsene und verantwortungsbewusste Menschen bereit stehen. Es gibt auch Gesprächsrunden für betroffene Kinder, die von Jugendeinrichtungen, Kirchen oder Erziehungsstellen organisiert werden.

Wichtig ist auf jeden Fall, dass Sie ehrlich sind. Sagen Sie nicht: „Papa kommt bald wieder", wenn dies nicht stimmt. Vorschnelle Versprechungen, die nicht eingehalten werden können, oder globale Zusicherungen, dass alles ganz toll sein wird, verunsichern eher. Sie können aber versprechen, sich dafür einzusetzen, dass alles möglichst gut wird.

Mögliche weitere Gespräche:
- „Was weißt du über Scheidung? Wie stellst du dir eine getrennte Familie vor? "
- „Was glaubst du, wie die Zukunft aussieht? Was wünschst du dir? Wovor hast du Angst?"
- „Was könnte dir helfen, die nächste Zeit zu überstehen?"
- Überlegen Sie gemeinsam, welche geschiedenen, getrennten, allein erziehenden oder neu formierten (Patchwork-) Familien Sie kennen. Überlegen Sie ohne Häme, was da gut läuft und was nicht, was Sie für Ihre eigene Familie übernehmen oder was sie anders machen können.

Welches Mitspracherecht haben Kinder?

Natürlich sollten die Wünsche und Interessen der Kinder immer gehört und respektiert werden. Andererseits gibt es Entscheidungen, die Eltern allein treffen müssen. Unterscheiden Sie genau zwischen Entscheidungen, die Sie treffen müssen, auch wenn Ihr Kind andere Vorstellungen hat, und solchen Entscheidungen, bei denen Kinder ein Mitspracherecht haben (mit wem sie die Ferien verbringen wollen, wie sie ihr Zimmer einrichten usw.). Lesen Sie dazu auch das Kapitel „Wie wird es weitergehen?" auf Seite 84 ff. Falls es zwischen den Eltern viel Streit und Uneinigkeit gibt, auch gerade was die Zukunft des Kindes anbelangt, sollten Sie eine Mediation, also eine Konfliktschlichtung von erfahrenen und neutralen Beratern, erwägen (Adressen finden Sie im Anhang).

Bestimmte Entscheidungen müssen Eltern allein treffen.

Informationen, die Kindern unter Umständen helfen können, Hoffnung zu entwickeln:

- Kinder kommen nach einer Trennung der Eltern oft besser mit beiden Elternteilen aus. Eine Scheidung ist oft die beste Lösung für die Familie.
- Jedes Jahr werden in Deutschland zwischen 150 000 und 200 000 Paare geschieden (gar nicht mitgerechnet sind die Eltern ohne Trauschein, die sich trennen). Das heißt, in Deutschland sind über eine Millionen Kinder und minderjährige Jugendliche von einer Scheidung betroffen.
- Ungefähr jedes siebte Kind in Deutschland lebt mit nur einem Elternteil. (Im Jahr 2003 waren es 2,2 Millionen!) Viele dieser Kinder leben ein ganz normales Leben!

- Manchmal haben Kinder nach der Trennung plötzlich zwei Familien. Eine „neue" Familie bringt auch viele Vorteile.
- Eine Scheidung wird von einem Gericht ausgesprochen. Bei allen Entscheidungen darüber, wie es weitergeht, wird auch immer das Wohl und Interesse des Kindes berücksichtigt.
- Eine Scheidung trennt die Ehepartner, nicht aber die Eltern von den Kindern! Das Ehepaar ist nicht mehr verheiratet, doch die Eltern bleiben immer die Eltern der Kinder!

Was Sie mit Ihren Kindern gemeinsam tun können:
- Machen Sie eine Internetrecherche über die Situation von geschiedenen oder allein erziehenden Familien (z. B. beim Statistischen Bundesamt: www.destatis.de). Oder suchen Sie entsprechende Internetseiten für Kinder.
- Ermutigen Sie Ihr Kind, einen konkreten Wunsch zu äußern, den Sie auch wirklich erfüllen können. Dies kann eine Reise sein in einem Monat, das Versprechen, nicht ohne Vorankündigung auszuziehen, oder die Zusicherung, noch zwei Wochen zu warten, ehe endgültige Schritte eingeleitet werden.

Die Frage nach dem Warum

Die Gründe, warum Paare sich trennen, sind mannigfaltig. Die verschiedenen Szenarien und Möglichkeiten rufen jeweils eigene Probleme und Besonderheiten hervor. Allgemein kann natürlich gesagt werden, dass es für alle Beteiligte, Erwachsene wie Kinder, leichter ist, wenn möglichst viel Einvernehmen und Respekt, andererseits möglichst wenig Streit und Bitterkeit vorherrschen. Doch die Dinge sind nun einmal, wie sie sind, und Sie müssen aus Ihrer Situation, wie immer sie auch geartet ist, das Beste machen.

Unweigerlich wird aber die Frage auftauchen – sei es, dass andere, Ihre Kinder oder auch Sie selbst sie stellen –, wessen Schuld das Scheitern der Beziehung ist. Wir Menschen denken in Schulddimensionen. Irgendjemand muss doch verantwortlich sein. Viele Streitigkeiten drehen sich sogar um diesen entscheidenden Punkt: Eine wirft der anderen Person vor, schuld zu sein am Ende der Partnerschaft.

Die leidige Schuldfrage wird immer gestellt, ist kaum zu beantworten und führt wohl selten wirklich weiter.

Allerdings führen solche Schuldzuweisungen meistens zu nichts. Ihnen mag die Schuld der anderen Seite klar sein – zu offensichtlich sind die Bereiche, in denen sie „versagt" und Ansprüchen nicht genügt hat. Die andere Seite sieht es wahrscheinlich anders. Bestimmt haben Sie Ihre Meinung auch schon geäußert und gehört, was Ihr Partner zu sagen hat. Die Beziehung hat das nicht gerettet, sonst würden Sie dieses Buch jetzt nicht lesen. Natürlich dürfen Sie wütend sein über die Dinge, die Ihr Partner getan oder versäumt hat. Aber es wird weder Ihnen noch Ihrem Kind helfen, wenn Sie in der Phase der Schuldzuweisungen stecken bleiben.

Bestimmt wird Ihr Kind fragen: „Warum wollt ihr euch trennen?" Erklären Sie dann in Ihren Worten, dass Sie alles getan haben, um die Partnerschaft zu retten, und dass Sie nach reiflicher Überlegung zu dem Schluss gekommen sind, dass Sie sich trennen wollen. Schieben Sie nicht die Schuld auf Ihre(n) Partner(in), und machen Sie ihn oder sie nicht schlecht!

Nichts ist für Kinder schlimmer in einer Scheidung als ein Loyalitätskonflikt.

Übernehmen Sie auch selbst Ihren Anteil an der Verantwortung für das Scheitern der Beziehung. So sind Sie ein wertvolles Vorbild für Ihr Kind.

Vor allem: Übernehmen Sie Verantwortung! Gestehen Sie ein, dass Sie – so wie Ihr Partner – womöglich etwas versäumt oder getan haben, was der Beziehung geschadet hat. Jedes Mal, wenn Sie Verantwortung übernehmen statt die Schuld beim anderen zu suchen, sind Sie ein Vorbild für Ihr Kind! Natürlich sollten Sie auch nicht ins andere Extrem fallen und alle Schuld auf sich nehmen oder sich selber schlecht machen! Fehler sind menschlich, und sicherlich haben Sie Ihr Bestes getan. Auch das sollte dem Kind vermittelt werden!

Lassen Sie bei einem Gespräch auch Ihrem Kind Raum, Einwände, Vorschläge oder eigene Ideen vorzubringen. Loben

---

Was Sie tun können, um Ihre eigene Wut und Enttäuschung zu verarbeiten:

- Reden Sie mit Freunden oder fangen Sie eine Therapie an.
- Suchen Sie Kontakt zu anderen Erwachsenen in ähnlicher Situation.
- Führen Sie ein Tagebuch, schreiben Sie alle Ihre Gefühle auf.
- Schreiben Sie Ihrem Partner einen Brief, den Sie aber nicht abschicken.
- Schreiben Sie alle Vorwürfe auf kleine Zettel. Vernichten Sie dann diese Zettel (durch Verbrennen, Ins-fließende-Wasser-Werfen usw.) und „verabschieden" Sie sich dabei von diesen Vorwürfen.

Sie Ihr Kind dafür, dass es sich Gedanken macht und helfen will! Wenn alles zu spät ist, dann vermitteln Sie dies in ruhigem Ton: „Du, ich habe so lange darüber nachgedacht und ich bin mir ganz sicher. Es geht nicht mehr!"

Kinder neigen dazu, die Schuld bei sich selbst zu suchen. Wenn Eltern beschließen, sich zu trennen, löst sich die Familie, so wie sie war, auf. In ihrer ich-zentrierten Welt denken Kinder, dass sie etwas damit zu tun haben, dass sie etwas dazu beigetragen haben, dass sie die „Schuldigen" sind. Oft bekommen Eltern gar nicht mit, wie ihre Kinder die familiären Entwicklungen interpretieren.

Typische Gedanken von Kindern:

- „Wenn meine Eltern mich lieben würden, blieben sie zusammen."
- „Wenn ich nicht so böse (schwierig, laut ...) gewesen wäre, würden sich meine Eltern nicht trennen."
- „Es fing damit an, dass ich nicht so gut in der Schule bin."
- „Meine Eltern trennen sich, weil sie immer wegen mir gestritten haben."
- „Mein Vater/meine Mutter geht, weil sie nicht mehr mit mir zusammen sein will."
- „Meine Eltern wünschten, ich wäre nicht da."

Kinder neigen dazu, sich die Schuld an der Auflösung der Familie zu geben – dem muss vorgebeugt werden.

Wenn Ihr Kind von sich aus nicht über seine Schuldgefühle redet, dann bringen Sie das Gespräch darauf, wie andere Kinder unter ähnlichen Bedingungen fühlen. Sie brauchen von Ihrem Kind keine Bestätigung, aber Sie können einfach sagen: „Ich weiß nicht, wie es dir jetzt geht. Es ist auf jeden Fall bei uns so, dass wir uns scheiden lassen, weil wir uns nicht mehr vertragen. Du hast gar nichts falsch gemacht! Im Gegenteil."

Was Sie tun können:
- Bei kleineren Kindern: Lesen Sie gemeinsam Bilder- oder Kinderbücher, die vom Thema Trennung handeln. Wie sich das Kind im Buch wohl fühlt?
- Ermöglichen Sie Ihren Kindern das Gefühl, sich „mächtig" zu fühlen, indem Sie Ihre Freude darüber deutlich machen, dass es sie überhaupt gibt. Nichts macht Kinder glücklicher, als den Eltern zu helfen, ihnen Geschenke zu machen, sie zum Lachen zu bringen, sie glücklich zu machen! Unterstützen Sie diese gute Anlage, indem Sie sich dankbar und froh zeigen.
- Wiederholen Sie immer wieder Dinge wie: „Ich bin so froh, dass ich dich habe." „Wir werden uns immer lieb haben, ganz egal, was kommt!"

Geschwister

Geschwister, so vermutet man, sind bei einer Trennung besser dran. Doch nicht immer ist das so.

Wenn Sie mehrere Kinder haben, haben diese oft einen Vorteil: Sie haben dann auf jeden Fall schon mal jemanden, mit dem sie reden können. Und sie wissen, egal, was kommt: „Wir bleiben zusammen!" Meist wenden sich die Kinder einander zu und sind sich gegenseitig Stütze und Trost. Manche Scheidungskinder sind sich noch Jahrzehnte nach der Trennung innig verbunden.

Es kann aber auch ganz anders sein! Wenn Geschwister sich nicht verstehen oder sich nichts zu sagen haben, bieten sich auch keine Gespräche an. Auch die Trennung von Kindern und die Aufteilung auf Mutter und Vater sind nicht so selten, wie man meint. Kinder entwickeln natürlich unterschiedliche

Was Sie tun können:
- Spielen Sie die Kinder nicht gegeneinander aus.
- Sehen Sie Ihre Kinder als Individuen mit unterschiedlichen Persönlichkeiten und Bedürfnissen. Es ist in Ordnung, wenn sie sich unterscheiden.
- Machen Sie kein Kind für ein anderes verantwortlich.
- Versuchen Sie nicht, jeden Streit zu schlichten, aber greifen Sie ein, wenn es zu Verletzungen kommt. Vertrauen Sie Ihren Kindern, Konflikte unter sich lösen zu können. Hören Sie zu, wenn Kinder sich „beschweren", und versuchen Sie herauszufinden, worum es wirklich geht.
- Nehmen Sie die Entscheidung des Kindes für den anderen Elternteil nicht persönlich. Es steckt vielleicht in einer Entwicklungsphase, in der es gerade Vater oder Mutter besonders braucht.
- Sorgen Sie auf jeden Fall dafür, dass die Kinder, wenn sie getrennt werden, sich häufig sehen können. Lassen Sie den Kontakt nicht abbrechen!
- Wenn ältere Kinder viel Verantwortung für jüngere übernehmen, geraten sie in eine ähnliche Situation wie „parentifizierte" Kinder (siehe S. 45 ff.). Auch hier gilt: Entlasten Sie die Kinder, ermöglichen Sie ihnen alters gerechte Freuden und Unbeschwertheit.

Bedürfnisse, Vorlieben und Beziehungen, und so kann es sein, dass ein Kind zur Mutter will, während ein anderes lieber beim Vater bleiben würde. Manchmal entwickeln sich auch Blöcke innerhalb einer Familie, dann können sich Rivalität und Feinseligkeit auch zwischen den Kindern entfalten. Zudem ist auch bei Geschwistern, die gemeinsam in einer „Kernfamilie" aufwachsen, nicht immer alles zum Besten bestellt. Das können Eltern auch mit den besten Intentionen nicht immer verhindern; man kann aber einiges dazu tun, dass sich Kinder verstehen. Es wäre schön, wenn Ihre Kinder sich gegenseitig unterstützen könnten – und meist ist es ja auch so.

Wie wird es weitergehen?

Vorwürfe und Forderungen ermöglichen keine objektive Diskussion darüber, wie zukünftig jeder vernünftig leben kann.

Es stehen viele Entscheidungen an. Wenn Sie beide sich über die meisten Einzelheiten einig sind und es wenig Streit gibt, haben Sie großes Glück! Gibt es allerdings noch offene Punkte, dann sollten Sie Ihre Forderungen und Wünsche möglichst sachlich und emotionslos vortragen. Rache, Missgunst oder Verachtung sind Zutaten, die eine Lösung der Probleme nur unnötig erschweren. Am Ende gewinnt niemand. Beschuldigende Forderungen, wie: „Du hast lange genug von uns profitiert, jetzt darfst du auch mal zahlen", führen zum Gegenangriff, sachliche Argumentationen („So und so viel Geld brauchen wir zum Leben") ermöglichen eine objektive Diskussion. Manchmal schaffen es Menschen tatsächlich, ihre Interessen durchzusetzen, einfach weil sie hart oder egoistisch genug sind, rücksichtslos jedes Mittel zu nutzen. Dann müssen Sie entscheiden, ob es den Kampf wert ist, sich

dagegen zur Wehr zu setzen, wie Ihre Chancen stehen und
ob die materiellen Dinge es wert sind, Ihren Frieden und den
der Kinder aufs Spiel zu setzen.

Weil es aber fast immer bittere Gefühle gibt, kann man gene-
rell sagen, dass eine Einigung, die mit Hilfe von Dritten zu-
stande kommt, die günstigste Lösung ist. So sind Mediatoren
ganz speziell dafür ausgebildet, im Konfliktfall so mit den
Parteien zu arbeiten, dass Gefühle Raum erhalten und berücksichtigt werden und dass am Ende eine Einigung erreicht
wird, mit der alle leben können. Eine Mediation dauert meist
mehrere Sitzungen und hat zum Ziel, dass sich am Ende alle
als „Gewinner" betrachten. Die Verträge, die so ausgehandelt werden, können rechtsbindend sein und Fragen wie Unterhalt, Besuchsrecht, Aufteilung des Hausrates usw. sehr
viel schneller und kostengünstiger als in einem Gerichtsver-
fahren klären! Wenn die Kinder älter sind, können auch sie
gehört werden, denn so fließen auch ihre Wünsche mit in die
endgültige Einigung ein.

Benutzen Sie Ihr Kind nicht, um Ihren Partner zu erpressen, unter Druck zu setzen oder zu verletzen.

Wo wird das Kind leben?

Sollen Kinder nicht ein Mitspracherecht bei wichtigen Ent-
scheidungen haben (siehe auch S. 77)? Auf jeden Fall sollten
Kinder gehört werden! Es ist nicht fair, sie vor vollendete
Tatsachen zu stellen: „Wir haben entschieden, dass du bei
deiner Mutter bleibst!" Holen Sie also auf jeden Fall die
Meinung jedes einzelnen Kindes ein, bringen Sie es aber
nicht in die unmögliche Situation, entscheiden zu müssen.
Dies gilt natürlich nicht, wenn Ihr Kind eine ganz entschiede-

ne Meinung hat. Oft jedoch sind Kinder überfordert, wenn sie entscheiden sollen:

Kinder wollen es allen recht machen und sollten daher wichtige Entscheidungen nicht selbst treffen müssen.

- Kinder wollen nicht gezwungen werden, zwischen den Eltern zu wählen. Die Entscheidung, bei der Mutter zu bleiben, wäre eine Entscheidung gegen den Vater – was für eine Bürde!
- Kinder sagen oft, was die Erwachsenen hören wollen. So sagen sie der Mutter: „Ich möchte bei dir bleiben!", und wenig später dem Vater: „Ich möchte bei dir bleiben!"
- Auch gegenüber Dritten sind Kinder nicht immer ehrlich, sondern sagen häufig, was ihnen vorher „nahe gelegt" wurde.
- Kinder können ihr eigenes Wohl nicht immer abschätzen. Krassestes Beispiel ist die Anhänglichkeit und Abhängigkeit von Kindern, die misshandelt oder missbraucht werden und dennoch auf keinen Fall von dem misshandelnden Elternteil fort wollen.

Wie Sie sich genau entscheiden, hängt von der jeweiligen Situation ab. Prinzipiell gibt es heutzutage eine Vielzahl an Möglichkeiten. Das Sorgerecht kann geteilt werden, das Kind kann ganz bei einem Elternteil leben, es kann Wochenenden, Ferien oder ganze Monate beim anderen Elternteil verbringen. Die Frage, wie viel Zeit das Kind bei wem verbringt, hängt ganz entscheidend vom Alter ab. So ist es bei Säuglingen nicht empfehlenswert, sie „gerecht" zwischen den Eltern „aufzuteilen", da sie noch die kontinuierliche Versorgung durch eine Vertrauensperson brauchen. Das heißt aber nicht, dass der andere Elternteil sich nicht auch um das Kind kümmern soll, denn Vertrauen und Liebe wachsen am besten, wenn sie von Anfang an gepflegt werden.

Bei Uneinigkeit über das Sorgerecht wird das Gericht entscheiden müssen. Es kann erst einmal eine vorläufige Entscheidung fällen. Für die endgültige Regelung kann es dann
einen Verfahrenspfleger oder eine Sachverständige einschal-
ten. Faktoren, die bei der Entscheidung, wer das Sorgerecht
und das Aufenthaltsbestimmungsrecht bekommt, berücksichtigt werden, sind unter anderem:

• Wie ist die Bindung, die das Kind zu beiden Eltern hat?

• Über welche Erziehungsfähigkeiten verfügen die Eltern?

• Wie stabil sind die Eltern? (Gibt es Alkoholprobleme,
  psychische Störungen usw.?)

• Hat das Kind besondere Probleme, die eine besondere För-
  derung erfordern? Wer kann diese besser gewährleisten?

• Wie gewillt sind die Eltern, den Kontakt zum jeweils anderen Elternteil zu unterstützen?

• Welche Wünsche hat das Kind? Wenn das Kind alt genug
  ist, wird es dazu von Experten befragt, die versuchen
  herauszufinden, was das Kind wirklich fühlt, unabhängig
  davon, was es sagt.

• Welche anderen Bindungen hat das Kind (Großeltern, Verwandte, Schule, Freunde usw.)? Wo würde das Kind diese
  anderen Bindungen besser weiterführen können?

• Wo und unter welchen Verhältnissen würde das Kind wohnen? (Natürlich wird niemandem ein Kind weggenommen,
  weil er weniger Geld hat als der/die Partner/in!)

• Wenn ein Kind zwei Kulturen und/oder Sprachen hat: Welcher Kultur fühlt sich das Kind besonders verbunden?

Das gemeinsame Sorgerecht kann die ideale Lösung sein, es kann aber auch eine große Belastung sein, wenn es ständig Streit gibt.

Welche Alternativen Sie auch immer erwägen, lassen Sie sich
auf keine Entscheidungen ein, die Ihnen widerstreben, bloß
weil Sie glauben, es täte dem Kind gut. Das Glück der Kin-

der hängt nämlich nicht davon ab, ob beide Eltern die gleiche Zeit mit ihnen verbringen, sondern wie zufrieden und glücklich alle Beteiligten mit der Situation sind. Jede Situation ist anders: Die „totale" Trennung kann traumatisch sein (wenn das Kind sie nicht versteht und sich verlassen fühlt), genauso gut kann sie aber auch die beste Lösung sein.

Wenn ein Elternteil ganz „verschwindet"

Wenn das Kind einen Elternteil ganz verliert, sollte überlegt werden, wer dessen Aufgaben zukünftig zumindest teilweise übernehmen könnte.

Falls es wirklich darauf hinausläuft, dass ein Elternteil aus dem Leben des Kindes ganz verschwindet, wird Ihr Kind Trauer empfinden. Wie Sie Ihrem Kind dabei helfen können, haben Sie bereits im Kapitel „Abschiedsrituale" (siehe S. 66) gelesen. Überlegen Sie aber auch, für welche Aspekte und Tätigkeiten Ihr(e) Partner(in) verantwortlich war, die jetzt ausfallen und von jemand anders übernommen werden müssen! Hat der Vater am Wochenende mit den Kindern Ausflüge gemacht, Lieblingsgerichte gekocht, fantasievolle Geschichten erzählt? Hat die Mutter aus Büchern vorgelesen, bei den Hausaufgaben geholfen, bei Problemen gut zugehört? Wer könnte jetzt Ähnliches bieten und die Bedürfnisse des Kindes ausfüllen? Es muss nicht alles vom übrig gebliebenen Elternteil abgedeckt werden, vielleicht gibt es ja Freunde, Großeltern oder andere erwachsene Personen im Umfeld, die sich dafür anbieten.

Oft werden nach einer Trennung auch zusätzliche Betreuungsformen notwendig, sei es bei einer Tagesmutter oder in Krippe, Kindergarten oder Hort. Tatsächlich haben Kinder bei guter Betreuung zusammen mit Gleichaltrigen die Chance, optimal gefördert zu werden, was ihre intellektuellen, aber auch ihre sozialen und emotionalen Fähigkeiten angeht. Bedingung ist allerdings, dass es auch hier feste Bezugspersonen gibt, die auf das Kind eingehen und eine Vertrauensbasis aufbauen. Gerade Kinder, die in der Familie eine Trennung erlebt haben, brauchen bei der Betreuung Verlässlichkeit, Geborgenheit und Kontinuität! Haben Sie keine Angst, dass Ihr Kind sich zu sehr bindet! Die Trennung von einer langjährigen Erzieherin beim Abschied in die Schule fällt natürlich schwer, ist aber für Kinder viel besser zu verkraften als kurze Episoden mit Betreuern, die nie lange genug da waren, um wirklich wichtig zu werden!

Was Sie tun können:
- Berücksichtigen Sie bei anstehenden Entscheidungen die Interessen aller Beteiligten. Bemühen Sie sich um Neutralität oder schalten Sie außenstehende Dritte ein.
- Setzen Sie Ihr Kind nicht als Druckmittel ein!
- Hören Sie zu, was Ihr Kind zu sagen hat, verlangen Sie aber nicht, dass es sich für oder gegen einen Elternteil entscheiden soll!
- Beachten Sie, dass kleine Kinder eine primäre Bezugsperson brauchen!
- Für das Wohl des Kindes ist entscheidend, dass beide Eltern glücklich sind!
- Überlegen Sie, wie die Bedürfnisse des Kindes abgedeckt werden, falls ein Elternteil in Zukunft ausfällt.
- Suchen Sie Betreuungspersonen für Ihr Kind aus, die zuverlässig, erfahren, emotional erreichbar und über einen längeren Zeitraum verfügbar sind.

Und dann ziehen wir auch noch um!

Ein Umzug ist für Kinder an sich schon sehr belastend – im Rahmen einer Trennung bedeutet ein Wohnungswechsel ein doppeltes Problem.

Wenn mit der Trennung auch noch ein Umzug ansteht, dann sind Kinder doppelt belastet. Umzüge an sich sind ja schon stressig genug. Dabei ist die eigentliche Pack- und Schlepparbeit noch das geringste Problem. Die psychologischen Faktoren wie Ängste, Unsicherheiten, Eingewöhnung und Verluste von gewohnten Orten, Gegenständen und Personen wiegen weit mehr. Wie die Trennung selbst kann auch ein Umzug als existenzbedrohlich und hochgradig traumatisch erlebt werden. Die Kinder wollen fast immer in der Wohnung, die sie kennen, bleiben.

Lesen Sie sich die folgende Liste mit möglichen Belastungen für Ihr Kind durch, und überlegen Sie, was Sie gegebenenfalls tun können, um den jeweiligen Stress zu mindern. Erschwerende Faktoren sollten immer mit dem Kind besprochen werden.

- Unsicherheit und Angst davor, dass es in der neuen Umgebung zu Anpassungsschwierigkeiten kommt. Werden alte Freunde im Kontakt bleiben? Wird es neue Freunde geben?
- Trauer über die Verluste, die mit dem Umzug einhergehen.
- Überforderung, wenn es viel zu tun gibt und wenig Zeit dafür bleibt (und das Kind lieber spielen oder sich mit Freunden treffen würde).
- Unstimmigkeiten und gespannte Atmosphäre zu Hause, da alle im Stress sind.
- Vorhergehende schlechte Erfahrungen mit Umzügen. Dies ist der Fall, wenn das Kind in der bisherigen Wohnung keine Wurzeln geschlagen hat und sich nicht wohl fühlt.

Aus dieser kurzen Auflistung erkennen Sie schon, dass ein Umzug keinesfalls auf die leichte Schulter zu nehmen ist. Andererseits können Sie eine Menge tun, um die Ängste zu nehmen und dem Kind zu helfen. Überrumpeln Sie Ihr Kind nicht, sondern nehmen Sie es, wenn möglich, zur Wohnungs-

Aktivitäten vor dem Umzug

- Gespräche über den Umzug: Warum ist er nötig? Welche Ängste gibt es? Welche Hoffnungen? An welchen Entscheidungen kann Ihr Kind beteiligt werden (Wohnort, welches Zimmer, Einrichtung des eigenen Zimmers usw.)?
- Sprechen Sie schon jetzt Besuchskontakte ab, und planen Sie, falls Sie sich auch örtlich weit entfernen, eine baldige Reise zurück an den früheren Wohnort. Wenn Ihr Kind im entsprechenden Alter ist, könnte ein Computer den E-Mail Kontakt zu Freunden aufrechterhalten.
- Besuchen Sie all die lieb gewonnenen Orte, um Abschied zu nehmen. Machen Sie Fotos und legen Sie ein Erinnerungsalbum an.
- Überlegen Sie, ob Ihr Kind am alten Wohnort etwas „hinterlassen" kann, um einen Teil von sich dort zu wissen (eine Pflanze im Garten, eine vergrabene Zeitkapsel, ein Spielzeug als Geschenk an den Kindergarten usw.).
- Ermuntern Sie Ihr Kind, für Freunde persönlich gestaltete Abschiedsgeschenke zu basteln.
- Erlauben Sie dem Kind, wenn es will, seine Sachen selbst einzupacken.

besichtigung mit, damit es sich selbst einen Eindruck verschaffen kann. Wiederum gilt, dass jede aktive Teilnahme am
Geschehen das Gefühl des Ausgeliefertseins mindert. Beachten Sie auch, dass Ihr Kind es leichter hat, je weniger Umstel-
lung mit dem Umzug verbunden ist. Wenn schon eine neue
Wohnung, dann möglichst in der gleichen Umgebung, wo
Kindergarten- oder Schulfreunde weiterhin erreichbar sind.
Es wäre sehr wünschenswert, wenn das Kind in seinem gewohnten Klassenverband (Kindergarten) bleiben könnte.

Der Umzug selbst wird sicher hektisch werden, das ist leider
unvermeidbar. Bemühen Sie sich dennoch, auch während
dieser Phase noch Zeit für Ihre Kinder zu finden. Erlauben
Sie andererseits, dass Ihr Kind sich entfernt und bei Freunden neue Energie und Erdung erfährt. Kehren Sie so früh wie
möglich zu alten Gewohnheiten, Zeitabläufen und Ritualen
zurück! Aktivieren Sie alle Energiereserven und richten Sie
sich gemütlich ein, statt wochenlang aus Kisten zu leben!

Erschwerende Bedingungen

Wenn die Trennung sehr schwierig ist, sollte unbedingt Hilfe von außen in Anspruch genommen werden.

Leider gibt es viele Familien, bei denen eine Trennung beson-
ders schwierig und traumatisch ist. Diese Familien brauchen
Unterstützung von außen. Faktoren, die es nicht nur für die
Erwachsenen, sondern besonders auch für die Kinder schwer
machen, einen neuen Anfang zu finden, sind zum Beispiel:
• Ein Elternteil ist gewalttätig.
• Das Kind wurde missbraucht.
• Ein Elternteil ist alkohol- oder drogenabhängig.
• Ein Elternteil ist psychisch krank.

In solchen Fällen wurde das Kind schon vor der Trennung traumatisiert. Wenn Kinder Gewalt am eigenen Körper erleben, wenn sie gequält oder sexuell missbraucht wurden, tragen sie innere Narben davon, die ganz besondere Begleitung und Pflege erfordern. Doch auch wenn das Kind „nur" Zeuge von Gewalt ist oder wenn Eltern ihrer Rolle als verantwortungsbewusste Erwachsene nicht nachkommen, sind Störungen des Selbstwertgefühls und der gesunden Entwicklung die Folge. Im Folgenden möchte ich auf einige Reaktionen eingehen, die besonders schwerwiegend für Kinder sind, die Opfer von Gewalt und Missbrauch wurden.

Das Problem der Scham

Ein Grund, warum Gewalterfahrungen für Menschen so verheerend sind, ist die Scham, die damit einhergeht. Es ist eine allgemein menschliche Reaktion, Handlungen anderer, die einen irgendwie angehen, auf sich zu beziehen und persönlich zu nehmen. Auch wenn Erwachsene betrogen, bestohlen, gemobbt oder vergewaltigt werden, reagieren sie nicht nur mit Wut und Unglauben, sondern auch meistens mit Scham. Kinder tun dies noch viel mehr. Sie leben in einer ich-zentrierten Welt und glauben, dass alles, was sie erleben, mit ihnen zu tun hat. Wenn jemand ihnen Gewalt antut, dann haben sie es wahrscheinlich, so denken sie, irgendwie verdient. Zumindest haben sie nicht gewusst, was man tun muss, um nicht Opfer zu werden, schon das ist ihnen Grund genug, sich zu schämen. Auch wenn sich die Eltern einfach ungebührlich oder „verrückt" verhalten, schämen sich die Kinder, denn sie spüren instinktiv, dass etwas nicht „normal" ist.

Kinder schämen sich, wenn etwas in ihrer Familie nicht „normal" ist und sogar dann, wenn ihnen Gewalt angetan wird.

Scham ist ein schreckliches Gefühl. Es verhindert, dass man sich den anderen Gefühlen, die auch da sind – der Wut, der Enttäuschung und Trauer oder auch dem Ekel –, stellen kann. Wer sich schämt, möchte nicht darüber nachdenken oder gar mit anderen darüber reden, was los ist. Scham drückt auf das Selbstwertgefühl und führt oft dazu, dass sich Menschen nicht für liebenswert halten, ängstlich werden und keine Ansprüche stellen wollen. Andererseits kann Scham in einer verständnisvollen Umgebung oder in einer Therapie relativ leicht behoben werden. Um die Scham zu überwinden, muss man sie anerkennen und verarbeiten. Dazu darf man ein Kind natürlich nicht drängen oder zwingen, es muss sich von selbst öffnen! Wenn es die Scham in Worten oder Bildern ausdrücken kann und wenn es dabei geliebt und geachtet wird, dann ist das Tor zur Heilung aufgetan.

Das Ohnmachtsgefühl

Wenn Kinder sich ohnmächtig fühlen, reagieren Sie mit Resignation oder mit Aggressionen.

Ein weiteres Problem, mit dem Kinder in oben beschriebenen Szenarien zu kämpfen haben, ist das Ohnmachtsgefühl, das entsteht, wenn man keinen Einfluss auf Dinge hat, die man gern ändern möchte. Es gibt sicherlich keine Verhaltensweise, die Kinder unter bedrohlichen Umständen nicht ausprobieren: Sie bitten, flehen, verweigern sich, schmeicheln, helfen, manipulieren, schreien, bauen Mauern auf, ziehen sich in ihr inneres Schneckenhaus zurück, laufen von zu Hause fort. Das Problem ist, dass das Verhalten der Eltern in Wirklichkeit nichts mit ihnen zu tun hat und deswegen meist auch von ihnen nicht beeinflusst werden kann. Nach all ihren Bemühungen müssen die Kinder dann am Ende mit ansehen, wie alles beim Alten bleibt. Daraus ziehen sie den Schluss, dass sie keine „Macht" haben. Egal, was sie tun, die Eltern werden durch sie nicht glücklich, nicht friedfertiger, nicht liebevoller. Das Resultat ist entweder Resignation, Depression und Minderwertigkeitsgefühle – oder aber vermehrte Aggression, Auflehnung und selbstzerstörendes Verhalten.

Der Vertrauensverlust

Eine dritte Folge von traumatischen Erlebnissen in der Kindheit ist der Verlust von Vertrauen.

Die heile Welt besteht nicht mehr, das Kind wird misstrauisch anderen Menschen und dem Schicksal gegenüber. Auch ein Kind, das vom Grundtemperament her eher optimistisch ist, kann durch entsprechende Erfahrungen zum regelrechten Pessimisten werden. Das ist tragisch, denn es ist erwiesen, dass pessimistisch eingestellte Menschen weniger „Glück" im Leben haben. Freunde, potenzielle Lebenspartner, Lehrer und Arbeitgeber, sie alle lassen sich von optimistischen und fröhlichen Menschen leichter beeindrucken. Bemühen Sie sich daher, Ihrem Kind zu etwas mehr Optimismus, Vertrauen und Zuversicht zu verhelfen, indem Sie Sicherheit gewähren und selbst auf Nörgeln und Schwarzmalerei verzichten.

Kinder, die das Vertrauen in ihre Umwelt verlieren, entwickeln sich leicht zu Pessimisten, die es im Leben immer schwerer haben.

Neue Probleme

Neben den oben aufgeführten erschwerenden Bedingungen einer Trennung gibt es auch solche, die sich durch die Trennung erst anbahnen, zum Beispiel:

- Bi-kulturelle Unterschiede brechen auf.
- Die Trennung führt zu finanziellen Engpässen.

Eine bi-kulturelle Herkunft ist oft ein Gewinn für das Kind, kann aber bei einer Trennung zu Problemen führen.

Die Paar-Familie bietet dem Kind natürlich einige Vorteile, die durch eine Trennung wegfallen. Dies kann auf der einen Seite die finanzielle, materielle und soziale Absicherung sein. Leider ist es in Deutschland ja besonders schwierig für Kinder aus sozial oder finanziell benachteiligten Familien, eine gute Ausbildung zu erlangen, das haben die viel besprochenen Pisa-Studien deutlich gezeigt. Und während in Deutschland einer Durchschnittsfamilie mit Kindern im Jahre 2003 über 3820 Euro im Monat zur Verfügung standen, musste sich die typische allein erziehende Mutter mit weniger als der Hälfte, nämlich mit 1810 Euro zufrieden geben. Hier ist der Staat in der Pflicht, der allein erziehende Eltern (in Deutschland waren das im Jahre 2003 knapp 2,5 Millionen!) fördern muss.

> **Was Sie tun können:**
> - Tun Sie alles, um zu gewährleisten, dass die traumatischen Verhältnisse abgestellt werden und das Kind von nun an in Sicherheit leben kann. Solange es weiterhin Angst haben muss, kann es nicht heilen.
> - Drohen Sie niemals mit Selbstmord!
> - Begegnen Sie Scham mit viel Geduld und Verständnis, reden Sie von eigenen Gefühlen, lesen Sie gemeinsam Bücher, holen Sie Hilfe von außen.
> - Kinder, die geschlagen oder missbraucht wurden, entwickeln oft ein negatives Körpergefühl. Helfen Sie Ihrem Kind, den eigenen Körper wieder achten zu ler-

nen (durch sportliche Erfolge, respektvollen Umgang bei Berührungen usw.).

- Stärken Sie das Selbstwertgefühl Ihres Kindes. Loben Sie es, wann immer es Lob verdient oder sich auch nur anstrengt; übertragen Sie Verantwortung, ermöglichen Sie Erfolgserlebnisse.
- Lassen Sie Ihr Kind Entscheidungen treffen (z. B. was Kleidung, Nahrung, Freizeitgestaltung angeht, je nach Alter). Das Kind soll das Gefühl der Ohnmacht und des Ausgeliefertseins überwinden.
- Auf der anderen Seite sind traumatisierte Kinder oft überfordert, wo andere Kinder leicht zurechtkommen. Helfen Sie, wenn Sie sehen, dass das Kind eine Aufgabe allein nicht schafft. Erwarten Sie nicht, dass Ihr Kind die eigenen Bedürfnisse frei artikulieren kann. Seien Sie Sprecher und Agent für das Kind gegenüber Dritten.
- Bieten Sie so viel Routine und Rituale an wie möglich. Vermeiden Sie Überraschungen, auf die traumatisierte Kinder oft negativ und ängstlich reagieren.
- Unternehmen Sie viel mit den Kindern an der frischen Luft. Sie brauchen Bewegung und die Möglichkeit, sich auszutoben.
- Vertreten Sie selbst ein optimistisches Weltbild (d. h. die Welt wird trotz Widrigkeiten als gut und berechenbar gesehen). Wenn Sie nicht an das Licht am Ende des Tunnels glauben, holen Sie Hilfe für sich selbst!
- Wenn Ihr Kind leicht in Wut gerät und dann ganz außer sich ist, bemühen Sie sich um Deeskalation. Das

heißt, Sie lassen sich nicht hochschaukeln, sondern bleiben ruhig (das wird nicht immer gelingen, aber wenn Sie verstehen, dass das Kind nicht böse sein will, sondern hilflos ist, fällt es vielleicht leichter). Überlegen Sie sich vorher, was Ihrem Kind in so einem Fall hilft: in den Arm nehmen, in eine selbst gebaute Höhle in die Auszeit schicken, eine bestimmte Musik hören … Vielleicht kann Ihr Kind selbst in einer ruhigen Minute eine Idee beisteuern.

- Unterstützen Sie Ihr Kind in schulischer Hinsicht. Sprechen Sie mit den Lehrern, lesen Sie vor, achten Sie auf die Hausaufgaben.
- Erwägen Sie eine Therapie oder andere psychologische Unterstützung für sich selbst und das Kind!

Respekt vor dem anderen Elternteil

Kinder wollen sich nicht entscheiden müssen. Sie haben keine Probleme damit, beide Eltern weiterhin zu lieben und zu achten.

Was Sie von dem anderen Elternteil halten, ist eine Sache. Eine ganz andere Sache ist, was Ihr Kind für sie oder ihn empfindet. Bedenken Sie bitte, dass Kinder beide Eltern lieben und brauchen. Die Gefühle für den einen Elternteil schmälern nicht die Gefühle für den anderen. Grundsätzlich gilt, dass Eltern respektvoll voneinander reden sollten. Falls Sie selbst enttäuscht und verbittert sind, merkt Ihr Kind das natürlich. Sie sollen ja auch keinen Heiligen aus einem Menschen machen, den Sie nicht mehr leiden können. Aber Ihr Kind will nicht ständig das Gefühl haben, dass es die eigenen Gefühle nicht zeigen darf und die Eltern gegenseitig in

Schutz nehmen muss. Doch mit respektvollem Reden über den oder die Ex ist es nicht getan, Sie müssen auch im direkten Kontakt mit ihm oder ihr einen Weg des respektvollen Umganges finden.

Es gibt grob gesagt drei Wege, die Partner nach einer Trennung gehen können:

1. Sie kooperieren und versuchen, das Beste aus der Situation zu machen.
2. Sie gehen getrennte Wege und vermeiden jeden Kontakt.
3. Sie streiten weiter.

Offensichtlich ist die erste Variante, nämlich die Kooperation, die beste für alle Beteiligten. Der fortgesetzte Konflikt und Streit dagegen wäre die schlimmste Alternative. Wenn Sie Glück haben, sieht der andere Elternteil das genauso. Denn es geht dem Kind gut, wenn es den Eltern gut geht. Solange man versucht, es dem ehemaligen Partner (der Partnerin) schwer zu machen, verschlimmert man automatisch auch die Situation für das Kind.

Doch selbst, wenn beide Seiten den guten Willen haben, zu kooperieren und sich mit gegenseitigem Respekt zu begegnen, ist die Umsetzung dieser guten Vorsätze oft nicht leicht. Dafür muss über so manchen Schatten gesprungen werden, der sich aus Aggression, Wut und Hass aufgebaut hat. Manchmal hilft es, wenn man Paar- und Elternebene trennt. Falls Ihr Ex als Partner(in) versagt hat, kann er oder sie trotzdem ein guter Vater oder eine gute Mutter sein. Was Sie noch immer verbindet, ist das gemeinsame Interesse an Ihrem Kind. Konzentrieren Sie sich auf diese Ebene, wenn es auf der anderen gar nicht mehr geht.

Wenn man das Wohl des Kindes will, kann man nicht wünschen, dass es dem anderen Elternteil schlecht geht.

Die Eltern- und die Paarebene

Die Paarebene abspalten – das ist leicht gesagt, aber wie genau soll das gehen? So schnell brechen doch immer wieder die alten Wunden auf. Ein fiktives Beispiel mag genügen:

Herr M. ruft seine Ex-Frau (Frau K.) an, um mitzuteilen, dass er am Samstag den gemeinsamen siebenjährigen Sohn Lukas nicht wie geplant um 10 Uhr, sondern erst um 12 Uhr abholen kann. Dagegen wirft Frau K. ein, dass sie sich aber schon mit ihrer Freundin zum Brunch um 11 Uhr verabredet hat. Dann könne doch, meint Herr M., der Lukas mal eine Stunde zu Hause allein sein, er könne ja fernsehen. Da geht Frau K. hoch, denn das ist genau diese Unzuverlässigkeit, die sie schon früher auf die Palme gebracht hat. Herr M. ist genervt, weil er seine Frau schon immer viel zu kontrollierend und überbehütend fand.

Herr M. und seine Ex-Partnerin haben sich nur auf der Elternebene unterhalten – und doch haben beide aus der Paarebene heraus reagiert.

Zusammenarbeit und Kompromisse müssen beide Seiten wirklich wollen – sonst fühlt sich einer ausgenutzt.

Tatsächlich geht das Umschalten auf die Elternebene nur, wenn beide Seiten mitmachen und gewisse Spielregeln einhalten. Die Zauberformel ist: Die Bedürfnisse des (der) anderen müssen anerkannt werden! In unserem Beispiel gibt es zwei Bedürfnisse: Herr M. möchte am Samstagmorgen etwas erledigen. Frau K. möchte, dass Lukas nicht allein zu Hause bleibt. Solange Frau K. das Bedürfnis ihres Mannes nicht anerkennt und solange Herr M. ihre Sorge um Lukas als Überbehütung abtut, können sich die beiden nicht einigen. Neh-

Was Sie tun können:
- Suchen Sie Lösungen, mit denen beide Seiten zufrieden sind.
- Sehen Sie in Ihrem Ex-Partner den Vater (die Mutter) Ihres Kindes. Der Respekt und die Höflichkeit, die Sie ihm oder ihr entgegenbringen, gelten dem Kind!
- Sprechen Sie sich ab. Halten Sie eventuell Vereinbarungen schriftlich fest.
- Reden Sie von Ihren Bedürfnissen und sagen Sie klar, was Sie von der anderen Seite erwarten.
- Seien Sie großzügig, aber vermeiden Sie, sich dabei als „Märtyrer" zu fühlen. Diese stillen Vorwürfe werden vom Gegenüber als Aggression verstanden und führen zu neuer Spannung.
- Sagen Sie ruhig, wenn Ihnen etwas nicht passt, aber formulieren Sie es so, dass die andere Person sich nicht angegriffen fühlt: „Ich ärgere mich, weil ich früh nach Hause gekommen bin und Klara dann doch noch nicht da war", statt: „Wehe, wenn du Klara das nächste Mal nicht pünktlich nach Hause bringst!"
- Informieren Sie den Expartner über alles, was wichtig ist. Setzen Sie dafür nicht Ihr Kind als Boten ein.

men wir nun einmal an, Herr M. und Frau K. haben sich beide bewusst dafür entschieden, zu kooperieren und die jeweils anderen Bedürfnisse gelten zu lassen. Dann könnte Frau K. sagen: „Du kannst Samstag erst um 12 Uhr, gut. Ich möchte aber nicht, dass Lukas bis 12 Uhr allein ist. Was können wir tun?" Eine mögliche Antwort von Herrn M. wäre: „Wenn du nicht möchtest, dass Lukas bis 12 allein ist, könnte ich Lukas um 9 abholen und ihn erst einmal zu meiner Mutter bringen. Oder fällt dir etwas ein?" Vielleicht verschiebt Frau M. ihr Brunch um eine Stunde oder sie entscheidet, dass Lukas bei einem Freund schläft und da um 12 abgeholt werden kann.

Wenn der andere Elternteil nicht mitspielt

In sehr vielen getrennten Familien gibt es noch lange heftige Konflikte.

Sie wissen jetzt, wie wichtig es ist, dass ehemalige Partner zum Wohl des Kindes kooperieren und sich respektieren. Was aber, wenn alle guten Ratschläge völlig unnütz sind, weil die Realität Ihrer Situation ganz, ganz anders aussieht? Es ist dann vielleicht kein Trost, aber Sie stehen keineswegs allein da! Ein großer Teil aller getrennten Familien leidet auch nach der Trennung unter enormen Konflikten, oder aber die Kinder verlieren den Kontakt zu einem Elternteil fast völlig.

Mögliche Gründe, warum man nicht „kooperieren" kann oder will:
- Der Partner war gewalttätig gegen einen selbst und/oder die Kinder.
- Die Ressentiments sitzen so tief, dass man dem ehemaligen Partner nicht verzeihen kann.
- Der andere Elternteil verweigert die Kooperation.
- Man möchte den Kontakt der Kinder zum anderen Elternteil verhindern, da man befürchtet, dass sie dort zu Schaden kommen (das Problem können Drogen, vermuteter Missbrauch, Vernachlässigung oder ähnliche Dinge sein).

- Der Elternteil, bei dem die Kinder leben, übt solchen Druck auf die Kinder aus, dass diese selbst keinen Kontakt mehr zum anderen Elternteil wünschen.
- Die juristisch festgeschriebenen Regelungen verhärten die Fronten (wenn z.B. ein Elternteil glaubt, „ausgeblutet" zu werden oder mit der Besuchsregelung nicht zufrieden ist).

Die Fragen um Unterhalt und Zuwendung

Die Frage des Unterhalts kann besonders demütigend sein. Das Kind will Liebe! Stattdessen wird um Geld gestritten, als sei es eine Belastung und eine Zumutung. Im günstigen Falle nimmt sich das Kind vor, es später mit den eigenen Kindern besser zu machen – im ungünstigen Fall aber lernt es, dass man sich vor Verantwortung drücken kann.

Allerdings sollte fairerweise auch gesagt werden, dass Väter (manchmal auch Mütter), die sich vom Kind zurückziehen, dies oft tun, weil sie sich verletzt fühlen.

Das Kind will und braucht Liebe und keinen Streit um Geld.

- Manche Väter reagieren verletzt und sauer, wenn sie plötzlich nichts mehr „zu sagen" haben, wenn sie keine Kontrolle und Macht in der Familie mehr haben. Mit der Rolle des Besuchers können sie nichts anfangen.
- Manche Väter fühlen sich ausgenutzt: Erst durften sie für den Unterhalt der Familie hart arbeiten, dann werden sie plötzlich, so sehen sie es, vor die Tür gesetzt.
- Manche Väter geben zu schnell auf in der Überzeugung, dass die Kinder die Mutter ohnehin lieber haben.
- Manche Väter trauen sich Babypflege oder Kindererziehung einfach nicht zu.

Was Sie tun können:

- Machen Sie den anderen Elternteil nicht schlecht.
- Ihr Kind darf seine Gefühle natürlich äußern. Bleiben Sie gegebenenfalls bei dem Gefühl Ihres Kindes: „Du bist ganz schön enttäuscht, dass er nicht gekommen ist, nicht wahr? Und du hattest dich so gefreut!" Oder: „Ich kann verstehen, dass du sauer bist!" Seien Sie aber loyal gegenüber dem anderen Elternteil.
- Ermutigen Sie Ihr Kind, den Kontakt durch Briefe oder Telefonanrufe zu suchen. Wenn dies nichts nützt, dann muss Ihr Kind mit der Enttäuschung leben.
- Ihr Kind kann auch Briefe schreiben, ohne sie abzuschicken.
- Kinder profitieren von zwei verantwortungsbewussten Eltern – zur Not reicht aber auch einer! Seien Sie Vorbild und vertrauen Sie darauf, dass Ihr Kind seinen Weg finden wird.

Besuchskontakte

Wenn das Kind die meiste Zeit bei einem Elternteil wohnt, hat der andere Elternteil das Recht auf „Umgang", also auf Besuchskontakte. Es ist im Interesse der Kinder, dass eine Regelung gefunden wird, mit der alle einverstanden sind. Tatsächlich haben Eltern die Pflicht, den Kontakt zum jeweils anderen Elternteil zu fördern und zu erleichtern! Das gilt natürlich nicht, wenn es gute Gründe dafür gibt, jeglichen Kontakt zu vermeiden (in einem solchen Falle wäre auch betreuter Umgang, also Besuche unter Beisein eines Jugendamtmitarbeiters, möglich). Im Allgemeinen sollten Besuche regelmäßig und zuverlässig stattfinden, da das Kind sonst verunsichert wird.

Warum der Umgang mit beiden Eltern gefördert werden sollte:

- Kinder leiden, wenn sie glauben, dass ihre Zuneigung zu einem Elternteil dem anderen Elternteil weh tut.
- Durch den regelmäßigen Umgang kann ein Trennungstrauma vermieden werden.
- Kinder wollen wissen, von wem sie abstammen. Die Verbannung eines Elternteiles kann als Verbannung der eigenen Identität aufgefasst werden.
- Zwei Elternteile haben mehr zu bieten als ein einziger. Durch ihre jeweils unterschiedliche soziale Rolle, Hobbys und Interessen werden die Kinder mit anderen Lebensalternativen konfrontiert und lernen, sich auf verschiedene Menschen einzustellen.

Das Kind sollte ganz selbstverständlich Kontakt zu beiden Elternteilen haben.

Loyalitätskonflikte können verheerende Auswirkungen auf Kinder haben, bis hin zum so genannten *„Besuchsrechts-Syndrom"*. Kinder, die es beiden Eltern recht machen wollen, geben zu Hause den Anschein, als wollten sie die Besuche gar nicht, und wenn sie dann auf Besuch sind, sagen sie, sie blieben am liebsten für immer hier. So sehen sich beide Eltern in ihrer Position gestärkt, ohne zu wissen, dass ihr Kind die andere Seite genauso stärkt. Dann kommt es oft zu wilden Streitereien, die bis vor Gericht gehen.

Eine Entfremdung von einem Elternteil bleibt für das Kind nicht ohne Folgen.

Parental Alienation Syndrome ist eine andere mögliche Reaktion, die auftritt, wenn Kinder sich gegen einen Elternteil wenden (mehr dazu Seite 110). Grundsätzlich muss beachtet werden, dass es Kindern bis zu einem gewissen Alter, je nach Reife, sehr schwer fällt, eine eigene Meinung aufrechtzuer-

> **Was Sie als Elternteil, bei dem die Kinder leben, tun können:**
> - Seien Sie sich der Liebe Ihres Kindes sicher! Diese kann Ihnen niemand wegnehmen.
> - Falls Sie allerdings das Gefühl haben, dass Ihr Ex-partner Sie schlecht macht, erfordert dies ein offenes Gespräch, notfalls mit Unterstützung von Dritten (Mediatoren, Jugendamt).
> - Erleichtern Sie Ihren Kindern den Übergang bei Besuchskontakten. Akzeptieren Sie Freude über das Wiedersehen mit dem anderen Elternteil, seien Sie Ihrem Ex-Partner gegenüber höflich und lassen Sie Ihr Kind danach vom Besuch erzählen.
> - Die grundsätzlich zustimmende Haltung zu den Kontakten darf auch nicht durch non-verbale oder andere Mittel in Frage gestellt werden (etwa durch Augenrollen, das Planen von besonders attraktiven Aktivitäten an den Tagen, an denen das Kind zum Besuch abgeholt werden soll usw.).
> - Absprachen, Anfragen oder Mitteilungen sollten direkt zwischen den Erwachsenen ausgehandelt werden. Das Kind will kein Bote sein!
> - Fragen Sie Ihr Kind nicht über das Leben des Ex-Partners (der Ex-Partnerin) aus! Es will kein Spion sein.

halten, wenn diese von den Eltern nicht unterstützt wird. Je jünger die Kinder sind, umso mehr halten sie ihre Eltern für allwissend, klug und mächtig. Sie glauben unbesehen, was diese sagen, und reden dementsprechend nach dem Mund. So ist es für ein sechsjähriges Mädchen, dessen Mutter sagt, der Vater sei ein Scheusal, fast unmöglich, uneingeschränkt an ihrer hohen Meinung vom Vater festzuhalten.

Schlimm ist es, wenn es trotz gerichtlicher Beschlüsse immer noch Streit um die Besuche gibt. Im Extremfall gibt es sogar Eltern, die ihre Kinder gegen alle Beschlüsse kidnappen, also aus der Schule abholen oder nach einem Besuch „einbehalten" (nicht wieder zurückbringen). Der Schaden, der Kindern damit zugefügt wird, ist kaum zu beschreiben.

Wenn das Kind nur zu Besuch kommt

Wenn Sie der Elternteil sind, bei dem die Kinder nicht ihren ständigen Wohnsitz haben, bleiben Ihnen nur die Besuchskontakte und andere Formen der Kommunikation, um die Verbindung aufrechtzuerhalten. Das hat Vor- und Nachteile. Sie haben nicht die tägliche Arbeit und Sorgen, dafür fühlen Sie sich vielleicht ausgestoßen oder vermissen die intensive Zeit mit den Kindern. Im Folgenden möchte ich einige typische Probleme umreißen.

Durch regelmäßigen Besuch und gemeinsame Unternehmungen lässt sich ein intensiver Kontakt zum Kind aufrechterhalten.

• Das Kind reagiert kühl auf Ihre Bemühungen um Kontakte

Viele Eltern sind betroffen, wenn die Kinder ihnen bei einem Wiedersehen nicht freudig um den Hals fallen. Warum rea-

gieren Kinder so? Wir haben gesehen, dass Kinder oft sehr
durcheinander sind durch die Trennung. Vielleicht ist Ihr
Kind wütend, unsicher oder hat Angst, dem anderen Elternteil wehzutun. Möglicherweise glaubt es, dass Sie es nicht
mehr so lieben wie vorher. Was auch immer der Grund für
die Zurückhaltung Ihres Kindes sein mag, es ist ganz wichtig, dass Sie sich davon nicht irritieren lassen! Wenn Sie jetzt
Ihr Kind drängen, ausschimpfen oder durch Liebesentzug
„bestrafen", wird es sich noch mehr zurückziehen! Seien Sie
lieber verständnisvoll und geduldig. Wenn Sie sich auf das
Wiedersehen gefreut haben, dann sagen Sie das, ganz egal,
was für ein Gesicht Ihr Kind macht: „Ich bin so froh, dich
endlich wiederzusehen! Ich freue mich schon seit Tagen!"

Vertrauen gewinnt man nicht durch Strenge, Befehle oder den Entzug von Aufmerksamkeit und Liebe.

In den Augen Ihres Kindes kann es nicht um das „Recht" gehen, das Sie auf das Kind haben. Ihrem Kind ist auch egal,
welche anderen Probleme Sie im Leben haben. Was Ihr Kind
wirklich interessiert ist: „Will er (sie) mich wirklich sehen?
Bereitet es ihm (ihr) Freude, mich zu sehen?" Vielleicht sehen
Sie Ihr Kind so selten, dass es jedes Mal aufs Neue eine Weile
dauert, ehe das Eis gebrochen ist und sich die alte Vertraut-
heit einstellt. Das ist frustrierend, aber solange Sie signalisieren, dass Sie die Kontakte wirklich wünschen, kann Ihr Kind
Ihnen vertrauen.

Es liegt an den Eltern, immer wieder ihre Bereitwilligkeit und
ihr Interesse am Kind zu bekunden! Im schlimmsten Falle
schicken Sie Ihrem Kind regelmäßige Briefe, auch wenn sie
nie beantwortet werden. Oder was wollen Sie sagen, wenn
Ihr Kind als junger Erwachsener wissen möchte, warum Sie
sich nie gekümmert haben?

> **Warum Besuchskontakte so wichtig sind:**
> Der eigentliche Grund für die Kontakte sollte immer der sein, dem Kind zu helfen, emotionale Stabilität aufzubauen und die Basis zu schaffen für eine Eltern-Kind-Beziehung, die ein Leben lang hält.

• Das Kind will keine Besuchskontakte

Wenn Kinder den Kontakt zu einem Elternteil vermeiden wollen, kann dies viele Gründe haben. Vielleicht haben Sie Ihr Kind verletzt. Ganz egal, ob Sie sich schuldig fühlen oder nicht, die Gefühle des Kindes sind, wie sie sind, und es steht ihm zu, sauer oder enttäuscht zu sein. Versöhnlicher als jede Rechtfertigung wirkt die einfache Bereitschaft, sich anzuhören, was man in den Augen des Kindes falsch gemacht hat. Fragen Sie nach, wie Ihr Kind Ihr Verhalten interpretiert: „Du bist sauer, weil ich ausgezogen bin. Was bedeutet das denn für dich? Wie hast du dir das erklärt?" Erst wenn Ihr Kind glaubt, dass Sie sich wirklich für seine Gefühle interessieren, kann es auch hören, wie es Ihnen ging und warum Sie so oder so gehandelt haben.

Das Kind reagiert nur auf ehrliches Interesse an seiner eigenen Person, nicht auf Kontakte aus Pflichtgefühl.

Möglicherweise ist Ihr Kind gar nicht persönlich verletzt, sondern hat sich einfach auf die Seite Ihrer ehemaligen Partnerin oder Ihres Partners geschlagen. Dies tun Kinder, wenn sie spüren, dass sie, um sich zu Hause wohl zu fühlen, „solidarisch" sein müssen. Oder aber sie sind ehrlich empört, wollen den Elternteil stärken und beschützen, den sie als schwächer oder ungerecht behandelt empfinden. Schön wäre es, wenn Sie eventuelle Verfehlungen in dieser Richtung ehrlich zugeben könnten. Gegenanschuldigungen verhärten die

Beschützerhaltung Ihres Kindes nur. Erklären Sie aber auch Ihre Version, allerdings ohne über die andere Seite herzuziehen, sondern einfach, indem Sie über Ihre Gefühle und Bedürfnisse reden. Vielleicht weiß Ihr Kind gar nicht, dass auch Sie verletzt oder unglücklich waren.

Parental Alienation Syndrome

Es ist auch möglich, dass der andere Elternteil die Kinder aufhetzt und Dinge vorwirft, die aus der Luft gegriffen sind. Manche Eltern unterziehen ihre Kinder – mal mehr, mal weniger bewusst – einer regelrechten Gehirnwäsche, um dann vor Behörden den Eindruck zu erwecken, als sei der Einfluss des oder der anderen eine große Gefahr für das Kind. Wenn sich die Dinge, die Ihr Kind hört, nicht mit seinen eigenen Empfindungen decken, ist das ziemlich verwirrend. Das Kind übernimmt dann die „falsche" Realität und entwickelt eventuell ein *Parental Alienation Syndrome (PAS)* – ein Begriff aus den USA, der mittlerweile auch in Deutschland verwendet wird. Dies bedeutet, dass sich die Kinder von einem Elternteil unter psychischem Zwang entfremdet haben. Die Unterscheidung zwischen angepasster und selbst gewollter Ablehnung eines Elternteils ist allerdings nicht ganz einfach. Sie können versuchen, durch juristische Mittel an Ihr Kind heranzukommen – das ist aber immer eine unbefriedigende Lösung. Für das Kind wäre es auf jeden Fall besser, wenn sich die Eltern doch noch irgendwie (durch Intervention von professionellen Dritten vielleicht) einigen können. Im schlimmsten Fall müssen Sie tatsächlich warten, bis Ihr Kind alt genug ist, um sich von der Bevormundung zu lösen. Die

Wenn Kinder sich unter psychischem Zwang von einem Elternteil entfremden, spricht man vom Parental Alienation Syndrome

Chancen, dass junge Erwachsene sich bei vorher abgelehnten Eltern melden, steigen, wenn sie durch die Jahre beharrlich und immer wieder kleine Grüße oder Beweise des guten Willens erhalten haben.

• Sie benutzen Geschenke oder Geld, um Ihr Kind zu „gewinnen"

Natürlich freut sich Ihr Kind, wenn Sie mit Geschenken aufwarten, bei jedem Besuch ein tolles und ausgefallenes Programm arrangieren, Geld zustecken und für die Zukunft immer größere und begehrlichere Dinge versprechen. Solange Sie Ihr Kind beschenken, weil Sie einfach gerne eine Freude bereiten möchten, und solange Ihr Kind sich ehrlich freut, ohne gleich nach dem nächsten Geschenk zu fragen, ist das Geben auch ganz in Ordnung. Falls Sie aber befürchten, dass Ihr Kind sonst nicht gerne kommen würde, wenn Sie also – um ehrlich zu sein – Geschenke als Bestechung einsetzen, schaden Sie damit der Beziehung zu Ihrem Kind. Das Kind braucht Sie als liebenden und verlässlichen Elternteil sehr viel mehr denn als spendablen Vergnügungsorganisator. Dies leuchtet bei kleinen Kindern eher ein als bei Jugendlichen, die ja oft von sich aus Forderungen stellen und bestimmte Dinge erwarten.

Eine Freude machen zu wollen ist in Ordnung, „Bestechung" aber schadet der Beziehung.

Bitten Sie das nächste Mal Ihr Kind um ein Geschenk (ein selbst gemaltes Bild oder eine Musikkassette). Kinder fühlen sich geehrt, wenn man ihre Gaben schätzt. Oder beteiligen sie Ihr Kind an Aktivität, die Sie sonst allein machen: Gartenarbeit oder ein Saunabesuch. Kinder finden es sehr spannend und sind stolz, wenn Eltern sie an ihrem Leben teilnehmen lassen.

Was Sie tun können, wenn die Kinder nicht ständig bei Ihnen leben:

- Unterschätzen Sie nicht die Bedeutung von gemeinsam erlebtem Alltag! Kinder wollen dazugehören und ihren „Platz" haben. Lassen Sie Ihre Kinder an Ihrem Leben teilhaben.
- Lassen Sie sich auf „Erziehung" ein, trauen Sie sich etwas zu! Wenn Sie unsicher sind, wie man mit Kindern umgeht, lesen Sie Bücher zum Thema, lassen Sie sich bei Erziehungsberatungsstellen beraten.
- Besuche sind nur sinnvoll, wenn Sie Zeit und echtes Interesse haben.
- Überlassen Sie den Kindern ihren eigenen, persönlichen Bereich, damit sie auch ein kleines Zuhause bei Ihnen haben. Wenn es kein eigenes Zimmer ist, dann muss eine Ecke oder ein Schrankregal genügen.
- Ermutigen Sie das Kind, Stofftiere oder tröstende Gegenstände mitzubringen, um sich sicherer zu fühlen.
- Denken Sie sich gemeinsame Aktivitäten aus: Basteln, Sport, Kochen, Lesen usw.
- Planen Sie auch kindgerechte Vergnügungen.
- Akzeptieren Sie, dass ältere Kinder oft lieber mit gleichaltrigen Freunden das Wochenende verbringen. Seien Sie offen für Änderungen im Besuchsrhythmus (weniger oder kürzere Treffen, vermehrte Telefon- oder E-Mail-Kontakte usw.).
- Seien Sie auch bereit, bei Wunsch des Kindes das Besuchsrecht vorübergehend ruhen zu lassen (wenn die Kinder über 14 sind, lässt sich das Besuchsrecht ohnehin nicht mehr durchsetzen).

Die neue Familie

Nur wenige Eltern bleiben nach einer Trennung dauerhaft oder längere Zeit allein.
Über kurz oder lang kommt es in den meisten Fällen zu einer neuen Beziehung. Das
schafft auch für das Kind – oder die Kinder
– eine neue Situation, die nur selten ganz
ohne Probleme gemeistert wird. Es kann
lange dauern, bis sich zwischen Kindern
und Lebenspartner eine gewisse Vertraut-
heit einstellt. Das ist normal und keineswegs auf eine mangelnde Bereitschaft des
Kindes zurückzuführen. Geduld, Sensibili-
tät und Konstanz führen auch hier in den
meisten Fällen doch noch zu einem kon-
struktiven Miteinander.

Neue Familienmitglieder

Manche Eltern begeben sich von einer Beziehung direkt in die nächste. Dann müssen sich Kinder mit dem Gedanken der Trennung gleichzeitig daran gewöhnen, dass es eine „neue" Familie gibt. Andere gehen erst nach einiger Zeit eine neue Beziehung ein. Eine dritte Variante ist die, dass die Eltern allein bleiben und allein erziehend werden.

Aus Verantwortung für das Kind müssen Sie keineswegs auf eine neue Beziehung verzichten.

Jede Situation ist anders und stellt eigene Anforderungen. Es gibt Ratgeber, die davor warnen, Kinder allein zu erziehen, da dann männliche bzw. weibliche Vorbilder fehlen. Lassen Sie sich von solchen Bedenken nicht irritieren! Sie können für Ihr Kind keine neue Beziehung hervorzaubern, genauso wenig wie Sie eine sich anbahnende Beziehung sausen lassen sollten, um sich für das Kind zu „opfern". Man muss keine traditionelle Familie sein, um dem Kind das zu geben, was es braucht! Entscheidend ist, dass Sie den Weg im Leben gehen, der für Sie richtig ist, ohne dabei rücksichtslos zu sein oder Ihre Verantwortung dem Kind gegenüber zu vernachlässigen. Das heißt aber nicht, dass Kinder immer hinter den Entscheidungen der Eltern stehen müssen. Je mehr Erwartungen Sie an die Kinder stellen, je mehr Zustimmung Sie einfordern, desto schwieriger wird es für Ihre Kinder, eventuelle Vorbehalte oder Ressentiments zu überwinden.

Wenn Eltern sich neu binden, reagieren Kinder im Übrigen oft mit verstärkter Hinwendung zum anderen Elternteil, selbst wenn der gar keine Probleme mit der neuen Partnerschaft des Ex hat. Diese anfängliche Loyalität ist verständlich und sollte nicht überbewertet werden.

Anpassungsschwierigkeiten

Ich gönnte meiner Mutter ihren Partner, nahm ihn auch freundlich auf und ermutigte sie. Später aber war ich eifersüchtig und konnte nur schwer mit ihm in einer Wohnung leben. Mit 19 Jahren war ich nicht mehr zu bändigen und zog aus der elterlichen Wohnung in eine eigene, dann ging alles besser und das Verhältnis zum Stiefvater wurde besser.
Bettina, 37 Jahre (12 Jahre bei der Scheidung)

Meine Mutter hatte gleich eine neue Freundin, was für mich sehr komisch war und mir heute noch oft Probleme bereitet, weil ich es nicht gern meinen Freunden oder anderen Personen sage. Mein Vater hat eine neue Freundin und mit ihr ein Kind. Sie hat auch zwei Töchter in meinem Alter, mit denen ich mich sehr gut verstehe.
Franziska, 15 Jahre

Eigentlich wollten wir Weihnachten immer zusammen feiern, aber jahrelang kam mein Vater an Heiligabend immer erst nach 18 Uhr. Es gab jedes Jahr Streit darüber, dass er zu spät kam, bis er uns erzählte, dass er noch eine Tochter hatte, bei der er auch feiern musste. Diese Halbschwester habe ich nur ein paar Mal in meinem Leben gesehen. Ein paar Jahre später kam noch ein Halbbruder von einer dritten Frau dazu.
Susanne, 42 Jahre

Mein Stiefvater war mir gegenüber am Anfang aggressiv, er stand immer meiner Mutter bei. Beide haben einen Sohn, meinen Halbbruder. Der ist okay, und heute steht mir mein Stiefvater auch bei, wenn ich mich mit meiner Mutter streite.
Hermine, 15 Jahre (10 Jahre bei der Trennung)

Mit meinem Stiefvater habe ich gute Erfahrungen gemacht.
Madeleine, 37 Jahre (3 Jahre bei der Trennung)

Ich war später in einer Pflegefamilie und habe nicht verstan-
den, warum das Pflegekind mehr beachtet wurde als die leib-
lichen Kinder. *Kilian, 22 Jahre*

Mit meinen Stiefvätern habe ich schlechte Erfahrungen ge-
macht. Es gab Zank, Streit, Bevormundung. Aber meine
Stiefschwester war und ist bis heute eine gute Schwester.
Nadine, 24 Jahre (5 Jahre bei der Trennung)

Seitdem ich drei Jahre alt bin, hat meine Mutter einen neuen
Freund, der auch zwei Kinder hat. Ich verstehe mich mit al-
len gut, aber er war nie ein Vaterersatz, sondern nur der
Freund meiner Mutter. *Dalia, 17 Jahre*

Die neue Frau hat versucht, den Kontakt zu unterbinden.
Wir waren alle bereit, sie zu akzeptieren, aber sie hat uns nur
als Schmarotzer angesehen. Ich hätte mir eine, wie man heu-
te sagt, Patchworkfamilie gewünscht! *Maja, 45 Jahre*

Kinder wollen keine Verräter an ihren Eltern sein und wollen
niemanden ersetzen müssen. Lassen Sie Ihrem Kind Zeit, sich
erst einmal mit den getrennten Eltern zurechtzufinden, ehe
Sie eine neue Lebensgemeinschaft eingehen. Drängen Sie Ihr
Kind zu nichts. Die Anrede „Papa" oder „Mama" kommt
entweder auf Wunsch der Kinder, vielleicht aber auch nie,
und das ist in Ordnung! Auch Gefühle stellen sich nur langsam ein. Da sind Stiefeltern durchaus im Nachteil, denn die
Eltern werden ja meist bedingungslos von Anfang an geliebt,

während Stiefeltern sich die Liebe erst einmal „verdienen"
müssen. Doch selbst wenn keine Liebe aufkommt, so darf
man doch Respekt erwarten. „Angekommen" ist die Familie,
wenn alle Familienmitglieder sich akzeptiert fühlen und einen festen Platz in der neuen Familie gefunden haben.

Das Zusammenwachsen braucht Zeit

Allerdings entstehen neue Familien nie über Nacht. Das Zusammenwachsen einer neuen Familienkonstellation nimmt
meist mehrere Jahre in Anspruch. Ausnahme ist natürlich,
wenn das Kind ganz klein ist und den anderen Partner prak-
tisch von Anfang an kennt.

Es kann Jahre dauern, bis eine Patchworkfamilie ihre Beziehungsstruktur gefunden hat und Vertrauen gewachsen ist.

Phasen, die eine Stief- oder Patchworkfamilie durchläuft:

Das Einlassen auf neue Strukturen fällt umso leichter, je besser der Abschied von der alten Familie gelungen ist.

1. Erste Reaktionen und Erwartungen. „Man „beschnup-
pert" sich, wobei der eigene Platz in der Familie noch
nicht gesichert ist. Wenn einzelne Familienmitglieder sich
zur Seite geschoben fühlen oder von Anfang an gegen den
oder die „Neue/n" sind, kann es gleich zu Beginn heftig
zugehen. Oft ist diese Phase aber relativ ruhig, weil erst
abgewartet wird und auch viele Hoffnungen da sind.
2. Gewöhnung. Wenn es anfangs keine Probleme gab, tau-
chen diese jetzt auf. Oft geht es dabei um „Macht": Wer
hat etwas zu sagen? Wer gehört „dazu"? Die Familie muss

die Bedürfnisse aller Mitglieder zur Kenntnis nehmen und Lösungen finden, bei denen sich alle als Gewinner sehen. Diese Phase kann Jahre dauern!

3. Integration. Stabile Strukturen etablieren sich und alle Mitglieder der Familie haben sich arrangiert, sind sich in ihrer Rolle und Position sicher.

Schwierig wird es, wenn sich auf Dauer keine stabilen Beziehungen zwischen den Familienmitgliedern entwickeln.

Wenn Stief- und Patchworkfamilien funktionieren, können sie Kindern eine wahre Bereicherung bieten. Nicht nur, weil Kinder in diesen „Großfamilien" viele mögliche Ansprechpartner haben, sondern auch, weil sie lernen, auf neue Menschen zuzugehen, sich einzulassen, zu differenzieren, sich zu behaupten und mit Konflikten umzugehen. Probleme entstehen allerdings, wenn die Paarbeziehung zu kurz kommt oder wenn die Integration der einzelnen Familienmitglieder scheitert. Dann sitzt der alte Elternteil oft zwischen zwei Stühlen: Auf der einen Seite will er es dem neuen Partner recht machen, auf der anderen Seite fordern die Kinder ihr Recht auf Aufmerksamkeit ein. Das kann auf Dauer nicht funktionieren – in der Vermittlerrolle reibt man sich auf! Eine Familie kann auch gar nicht von einer einzelnen Person zusammengehalten werden – es müssen alle kooperieren!

> **Was Sie tun können, um Ihrem Kind den Aufbau einer neuen Beziehung zu erleichtern:**
> • Erlauben Sie Ihrem Kind seine Gefühle, nehmen Sie diese verständnisvoll zur Kenntnis.
> • Machen Sie klar, dass niemand ersetzt werden soll. Das kindliche Herz ist groß genug, um viele Erwachsene zu lieben.

- Erzwingen Sie keine Gefühle – Liebe lässt sich nicht einfordern (wohl aber Respekt).
- Ermutigen Sie den neuen Partner, etwas allein mit den Kindern zu unternehmen.
- Machen Sie kein „Tabu-Thema" aus der Familienkonstellation. Besprechen Sie, wie Ihr Kind die neuen Partner vor fremden Menschen vorstellen möchte: „Das ist meine Mama" oder doch lieber „Das ist die Freundin von meinem Papa?"
- Respektieren Sie die neuen Partner Ihrer einstigen Lebensgefährten.
- Halten Sie an bewährten Ritualen fest – dies ist wichtig, damit die Kinder eine gewisse Kontinuität spüren. Führen Sie aber auch mit dem neuen Partner neue Rituale ein, die das Zusammenwachsen erleichtern (z. B. Vorlesen, gemeinsame Spielabende).
- Wenn neue Geschwister mit in die Gemeinschaft kommen: Auch hier gilt, dass sich Liebe und geschwisterliche Gefühle nicht erzwingen lassen. Je besser sich ein Kind in die Familie integriert fühlt, umso leichter wird es neue Geschwister akzeptieren.
- Vergessen Sie nicht, dass die neue Familie mit der Beziehung der Erwachsenen untereinander steht und fällt. Nehmen Sie sich den Freiraum, Ihre Beziehung zu pflegen.
- Haben Sie Verständnis für die Umstellungsprobleme eines erwachsenen Menschen, der ungewollt und plötzlich zu Kindern kommt und vieles aus seinem bisherigen Leben (vornehmlich Freiheit!) aufgeben muss.

- Die neuen Partner fühlen sich wahrscheinlich am Anfang wie ein fünftes Rad am Wagen. Es ist sinnvoll, wenn sie nicht gleich in die Rolle des Erziehungsberechtigten schlüpfen, andererseits können Spannungen entstehen, wenn der alte Elternteil auf Dauer das Gefühl hat, dass alle Arbeit an ihm oder ihr hängen bleibt. Treffen Sie frühzeitige Absprachen!
- Führen Sie regelmäßige Familienkonferenzen ein. Dort können Aufgaben verteilt und gemeinsame Entscheidungen getroffen werden.

... und später

Für mich wird es wohl immer schwer sein, an die ewige Dauer einer Beziehung zu glauben und dennoch wünsche ich es mir und will es auch!   *Maja, 45 Jahre*

Meine Entwicklung verlief ganz normal, denke ich. Ich bin seit 17 Jahren glücklich verheiratet! Aber vielleicht reagiere ich empfindlicher auf das Thema Scheidung und Fremdgehen als andere.   *Karin, 41 Jahre*

Die Trennung meiner Eltern war für mich sehr negativ. Ich habe große, unbeschreibliche Verlassensängste.
Nadine, 24 Jahre (5 Jahre bei der Trennung)

Ich begann zu kiffen und mit Freunden abzuhängen. Seit meinem zehnten Geburtstag rauche ich.
Hermine, 15 Jahre (10 Jahre bei der Trennung)

Die Scheidung hat mich stärker gemacht. Ich habe meine Mutter sehr unterstützt und bin schneller selbstständig geworden.   Simone, 42 Jahre

Komischerweise war die Trennung für mich sehr gut. Ohne meinen Stiefvater hätte ich viele meiner Erfolge nicht verbuchen können, zum Beispiel meinen Realschulabschluss.
                              Kilian, 22 Jahre (9 Jahre bei der Trennung)

Mein Bruder und ich sind sehr selbstständig und organisieren heute auch fast alle unsere Termine selbst. Rückblickend finde ich die Scheidung meiner Eltern gut, denn sonst hätte ich nie die Pferde lieben gelernt und auch mir heute sehr nahestehende Freunde nie kennen gelernt.
                                          Franziska, 15 Jahre

Als Erwachsene können frühere Scheidungskinder oft sehr genau positive wie negative Folgen der Trennung ihrer Eltern für ihre Entwicklung beurteilen.

Ich habe gelernt, dass nichts ewig währt. Und dass das auch in Ordnung ist – dass man das Beste aus dem machen muss, was das Leben einem bietet. Wahrscheinlich hat die Scheidung auch dazu beigetragen, dass ich als Erwachsene offen dafür geworden bin, im Leben auch mal ein Risiko einzugehen und nicht immer so konservativ zu sein.
                                          Marie, 37 Jahre

Es hat mir geholfen, meine Eltern als „Einzelpersonen" zu sehen, mit natürlichen Bedürfnissen und Schwächen, nicht mehr das „Doppelpack Eltern".   Christine, 47 Jahre

Ich habe eine große Stärke und Unabhängigkeit entwickelt, aber auch große Furcht davor, mich wirklich auf enge Bindungen einzulassen. Abhängigkeiten konnte ich erst mit weit

*über 30 Jahren ertragen, das ist mein größter innerer Kampf
bis heute.   Bettina, 37 Jahre (12 Jahre bei der Scheidung)*

*Soweit ich es selber beurteilen kann, habe ich durch die
Scheidung an sich keine Schwierigkeiten in meiner Entwicklung erfahren. Aber ich habe während meiner Kindheit und
Jugend nur unzureichend gelernt, wie ein liebevoller Umgang
unter liebenden Menschen das Leben bereichern kann.
Wahrscheinlich wäre ich heute ein anderer Mensch, wenn
meine Eltern eine glückliche Beziehung gehabt hätten.*
                Andreas, 54 Jahre (5 Jahre bei der Scheidung)

Ausblick

Scheidungen und Trennungen nehmen zu, Partnerschaften dauern immer kürzer. Wenn man den Statistiken glaubt, werden immer mehr Scheidungskinder selbst immer kürzere Beziehungen eingehen und wiederum Kinder haben, die noch weniger fähig sind, bleibende Bindungen einzugehen. Wenn dies so weitergeht, dann haben Menschen in 100 Jahren, so könnte man annehmen, nur noch wenige Tage dauernde Affären!

So schlimm ist es aber doch nicht! Zwar gibt es wie zu allen
Zeiten Kinder, die Schwierigkeiten mit Bindungen haben, es
gibt aber auch immer mehr Kinder mit wirklich guten sozialen Fähigkeiten, und das sind nicht immer die Kinder, die aus
einer „Kernfamilie" kommen! Sie können Ihren Kindern
auch nach einer Trennung alles mitgeben, was sie brauchen,
um selbstbewusste, verantwortungsvolle und einfühlsame Erwachsene zu werden, die dauerhafte Partnerschaften eingehen können.

**Was Kinder an positiven Impulsen und Erfahrungen
aus der Trennung ins Erwachsenenleben mit
hinübernehmen können:**

**Viele ehemalige
Scheidungskinder
sagen, dass sie
durch die Erfahrun-
gen in der Kindheit
an Reife gewonnen
haben.**

- Verantwortungsbewusstsein,
- Autonomie und/oder Unabhängigkeit,
- tiefe Liebe zu einem Elternteil und/oder zu den Geschwistern,
- Mitgefühl für andere Menschen,
- ein „soziales Gewissen",
- das Gefühl, so leicht nicht unterzukriegen zu sein,
- ein gewisser „Tiefgang", da sie schon früh die Härten des
  Lebens kennen gelernt haben,
- Offenheit alternativen Lebensweisen gegenüber,
- der Wille, aus den Erfahrungen zu lernen und ganz bestimmte Prioritäten zu setzen.

Wenn Sie Ihrem Kind beispielhaft vormachen, wie man mit
Krisen und Konflikten umgeht, dann wird Ihr Kind auch in
vielen Jahren noch davon profitieren. Irgendwann wird es si-

cherlich mit Enttäuschungen fertig werden müssen oder Liebeskummer haben. Dann wird es sich daran erinnern, wie Sie sich heute verhalten! Sie zeigen Ihrem Kind, wie man mit Konflikten, Problemen und neuen Herausforderungen umgehen kann. Wenn Sie Ihrem Kind wünschen, dass es seine Gefühle zulässt, Konflikte angeht und sich Lösungen überlegt, dass es seine eigene Position vertreten kann und doch die Bereitschaft hat, die Interessen anderer Menschen wahrzunehmen, dass es seinen eigenen Wert kennt und notfalls auch gegen widrige Umstände Stärke zeigt – dann leben Sie diese Werte heute vor!

Neue Stabilität und Stärke

Ein bis zwei Jahre nach der Trennung sind die allermeisten Kinder, die aus getrennten Familien kommen und zwischenzeitlich eine Phase der Unsicherheit und Desorganisation erlebt haben, wieder stabil und fühlen sich sicher in der Konstellation, in der sie leben. Das zeigen auch die Statistiken, die ja immer so oder so gelesen werden können: Werden die Zahlen betont, die für ein schwierigeres späteres Leben sprechen (wobei der Grund dafür auch andere Ursachen haben kann, denn wo Chaos und chronische Probleme herrschen, kommt es auch eher zur Scheidung), oder betrachtet man die viel größere Zahl von Kindern, die sich von den Kindern aus intakten Ehen nicht unterscheiden? Zudem wirken noch ganz andere Einflüsse auf Kinder, die nicht zu unterschätzen sind. Denn so entscheidend die ersten Jahre für die Entwicklung der Persönlichkeit auch sind, so können viele Defizite und Entbehrungen durch andere Menschen (Freunde, Grup

Wirklich entscheidend für die Zukunft der Kinder ist, wie viel Geborgenheit, Verständnis und Unterstützung sie bekommen haben.

pen, andere Erwachsene) oder durch Erfahrungen (Hobbys, Erfolge in Sport und Schule aufgefangen oder ausgeglichen werden.

Jedes Ende ist auch ein Neuanfang und schließlich haben auch Sie die Gelegenheit, aus vergangenen Fehlern zu lernen und Ihr Leben bewusst zu gestalten. Wenn Sie die Phase der Verunsicherung und Verzagtheit überwinden und stattdessen mit Zuversicht und Erwartung in die Zukunft blicken, wird auch Ihr Kind von Hoffnung und Lebensbejahung getragen werden. Sie und Ihre Kinder haben die reelle Chance trotz aller Widrigkeiten stark, glücklich und seelisch gesund zu werden.

Anhang

Literaturverzeichnis

Für Erwachsene:

Benard, Cheryl/Schlaffer, Edit: Das Kind, das seinen Vater mit einem Samstag verwechselte. Schadensbegrenzung nach der Scheidung. Wilhelm Heyne Verlag, München 1996

Eckardt, Jo: Kinder und Trauma. Was Kinder brauchen, die einen Unfall, einen Todesfall, eine Katastrophe, Trennung, Missbrauch oder Mobbing erlebt haben. Vandenhoeck & Ruprecht, Göttingen 2005

Kaufmann, Patricia/von Luck, Clemens: Der neue Mann im Haus. Wenn Mütter sich wieder binden. Fischer, Frankfurt/Main 2001

Klosinski, Günther: Scheidung – Wie helfen wir den Kindern? Walter, Düsseldorf und Zürich 2004

Largo, Remo H./Czernin, Monika: Glückliche Scheidungskinder. Trennungen und wie Kinder damit fertig werden. Piper, München und Zürich 2004

Spangenberg, Brigitte: Märchen helfen Scheidungskindern. Wie Kinder die Trennung ihrer Eltern besser akzeptieren. Herder 2002

Kinderbücher:

Dietrich, Barbara: Ich brauche euch doch beide. Scheidung tut weh. Ein Trostbuch für Kinder. Smaragd 2000 (ab 8 J.)

Menendez-Aponte, Emily/Alley, R. W.: Wenn Mama und Papa sich trennen. Ein Erste-Hilfe-Buch für Kinder. Silberschnur 2004 (ab 8 J.)

Michl, Reinhard/Dietl, Erhard: Hast du mich noch lieb?
  Sauerländer 2003 (ab 3 J.)
Nöstlinger, Christine: Sowieso und überhaupt. Beltz 2000
  (ab 11 J.)
Schneider, Sylvia/Weber, Mathias: Papa wohnt nicht mehr
  bei uns. Beltz 2004 (ab 4 J.)
Schöberl, Elisabeth: Meine Eltern trennen sich. Ueberreuther
  2004 (ab 12 J.)

Internetadressen

Mediation, Streitschlichtung:

http://www.bmev.de   http://www.infomediation.ch
http://www.lisum.de   http://www.mediation.at

Erziehungsfragen, Beratung, Internetberatung, Foren usw.:

http://www.bke.de (Bundeskonferenz für Erziehungsbera-
tung e.V.)
http://www.kummernetz.de (auch für Kinder und Jugendliche geeignet)
http://www.caritas.de/2024.html (auch für Kinder und
Jugendliche geeignet)
http://www.eltern.de
http://www.elternimnetz.de
http://www.kija-ooe.at (auch für Kinder und Jugendliche
geeignet)
http://www.bundeselternverband.at